2019
初中组

Shu Xue Zhi Shi
Ying Yong Jing Sai

上海市中学生数学知识应用竞赛辅导教程

上海市中学生数学知识应用竞赛组委会 编著

上海科技教育出版社

图书在版编目(CIP)数据

上海市中学生数学知识应用竞赛辅导教程.初中组/
上海市中学生数学知识应用竞赛组委会编.—上海:上海
科技教育出版社,2019.4
 ISBN 978-7-5428-6978-4

Ⅰ.①上… Ⅱ.①上… Ⅲ.①中学数学课—初中—竞
赛题 Ⅳ.①G634.605

中国版本图书馆 CIP 数据核字(2019)第 061325 号

责任编辑　郑丽娟
封面设计　汪　彦　李梦雪

上海市中学生数学知识应用竞赛辅导教程
初中组
上海市中学生数学知识应用竞赛组委会　编著

出版发行	上海科技教育出版社有限公司
	（上海市柳州路 218 号　邮政编码 200235）
网　　址	www.sste.com　www.ewen.co
经　　销	各地新华书店
印　　刷	上海师范大学印刷厂
开　　本	787×1092　1/16
印　　张	6.75
版　　次	2019 年 4 月第 1 版
印　　次	2019 年 4 月第 1 次印刷
书　　号	ISBN 978-7-5428-6978-4/O·1085
定　　价	25.00 元

前言
Preface

上海市中学生数学知识应用竞赛是由上海市科技艺术教育中心和上海市工业与应用数学学会在1991年共同发起举办的。2005年,上海市中学生数学知识应用竞赛组委会决定在原高中组的基础上创设初中组的竞赛活动,每年都有10000余名中学生参加,至今已连续开展了14年。从2018年起,初中组竞赛正式更名为上海市青少年"生活中的数学"实践活动。

上海市青少年"生活中的数学"实践活动分为初赛与决赛两个阶段,都采用闭卷方式进行。全市参赛学生以初二为主,根据决赛成绩评选出个人一、二、三等奖。每年还评选出优秀组织奖、优秀组织教师奖、优秀辅导教师奖等各奖项。

为了给参加实践活动的学生提供更丰富的资料,竞赛组委会组织了一直关心和参与中学生应用数学教学并在应用数学方面有造诣的大学、中学教师编写了本书。本书的主要内容为:提供若干有用的初等应用数学方法,对中学生数学知识解决实际问题分类型进行分析、详细解答和方法总结。另外本书还收录了最新的实践活动试题。

上海市中学生数学知识应用竞赛组委会

2019 年 2 月

目录 Contents

一、数与式 __ 1
    1. 正整数与有理数 __ 1
    2. 整式 __ 4

二、一次方程与不等式 __ 9
    1. 一次方程和一次方程组 __ 9
    2. 一次不等式(组) __ 14

三、几何图形初步 __ 22
    1. 几何图形 __ 22
    2. 关于图形的一些计数问题 __ 26
    3. 线与角 __ 29

四、三角形与四边形 __ 34
    1. 三角形 __ 34
    2. 直角三角形 __ 38
    3. 四边形 __ 46
    4. 轴对称与中心对称 __ 49

五、二次方程与其他方程 __ 56
    1. 一元二次方程 __ 56
    2. 其他方程 __ 60

六、分式与二次根式应用题 __ 66
    1. 分式应用题 __ 66
    2. 二次根式应用题 __ 74

七、函数 __ 76
    1. 一次函数 __ 76
    2. 二次函数 __ 83

附录：
2018年上海市青少年"生活中的数学"实践活动初赛 __ 93
2018年上海市青少年"生活中的数学"实践活动决赛 __ 99

一、数 与 式

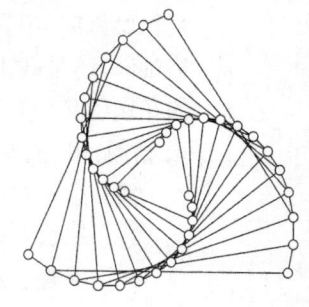

1. 正整数与有理数

例 1-1-1 某本书的正文的页码编码共用了 6969 个 0、1、2、3、4、5、6、7、8、9 这 10 个数字,则这本书的正文共有_____页.

答:2019.

例 1-1-2 美国在 2011 年 8 月 5 日发射的"朱诺"木星探测器在飞行了约 28 亿公里后,于 2016 年 7 月 4 日到达木星表面轨道,实足飞行了 1795 天,则它飞行的平均速度为_____公里/秒.(精确到个位)

答:18.

例 1-1-3 某张信用卡的密码是六位数,其中前两位数是 8 的倍数,中间两位数是 4 的幂,后两位数是 3 的幂.这三个两位数都是前面数字比后面数字小,这六个数字中没有 0,且互不重复.则这六个数字的乘积是_____.

答:2688.

例 1-1-4 有 5 袋保健球,每袋都有 10 个球,其中 4 袋中每个球重 250 克,另一袋中每个球重 200 克.为了称一次就能找出哪一袋中的球重 200 克,小王把 5 个袋分别编为 1、2、3、4、5 号袋,然后从中分别取出 1、2、3、4、5 个球,他把所有取出的球合在一起放在秤上称得总重量为 3600 克,则装有球重 200 克的那一袋是_____号袋.(每个袋中取出的球的个数与袋的编号相同)

答:3.

例 1-1-5 王师傅买入某种股票 10000 股,每股 10 元,当日收盘价正好是每股 10 元.第 2、第 3 两天,该股股价每天都比前一天收盘价上涨 10%,可是第 4、第 5 两天,该股收盘价都比前一天收盘价下降 10%,那么王师傅在第 5 天收盘后,手中该种股票还值_____元.

答:98010.

例 1-1-6 甲、乙两人整修街道左右两边的花坛,已知街道左边的花坛数比右边多

4个.整修时,甲先到,开始整修左边的花坛.当他整修完左边四个花坛时,乙来了,他说"左边难修,还是我来整修左边吧".于是,甲又到街道右面去整修花坛.当乙整修完左面留下的花坛后又到右边帮甲整修了 3 个花坛时,此时正好两人同时完工,整修完了所有的花坛.请问:甲、乙两人谁整修的花坛多?多几个?

解:设左边有花坛个数为　　　$(x+4)$个,
那么右边有花坛个数为　　　x个,
甲修了左边花坛个数为　　　4 个,
乙修了左边花坛个数为　　　x 个,
乙修了右边花坛个数为　　　3 个,
甲修了右边花坛个数为　　　$(x-3)$ 个,
甲整修花坛总数为　　　$4+(x-3)=(x+1)$个,
乙整修花坛总数为　　　$(x+3)$个,
$x+3-(x+1)=2$,
所以,乙整修花坛数多,多整修了 2 个.

例 1-1-7 (1) 2016 年我国成功发射了"天宫二号"太空实验室和"神舟十一号"飞船.两者在空中实现了对接,宇航员在其中进行了 30 多天的科学实验.对接期间,两者成为一个联合体.假定联合体绕地球飞行的轨道可以近似地看成一个圆,离地面的平均高度约为 370 千米,联合体每天绕地球飞行 16 圈,求联合体飞行的平均速度.(精确到 0.1 千米/秒,假设地球半径约为 6370 千米,$\pi=3.14$)

(2) 美国火星探测器于 2005 年 8 月 12 日发射,2006 年 3 月 11 日到达火星表面轨道.已知从地球发出的电波速度为 300000 千米/秒,需 12 分钟才能到达火星,求火星探测器飞行的平均速度.(精确到 0.01 千米/秒)

解:(1) 联合体绕地球飞行一周约需:
$$\frac{24\times 3600}{16}=5400(秒),$$
联合体飞行的平均速度为:
$$2\pi\times(6370+370)\div 5400\approx 7.8(千米/秒).$$

(2) 地球与火星间的距离为:
$$300000\times 12\times 60=216000000(千米).$$
火星探测器飞行的平均速度为:
$$216000000\div 211\div 24=42654(千米/时)=11.85(千米/秒).$$

例 1-1-8 阅读以下数据,并回答问题:
7.8 级地震释放的能量相当于 23860 颗长崎原子弹同时爆炸的能量.
7.9 级地震释放的能量相当于 33700 颗长崎原子弹同时爆炸的能量.
8.0 级地震释放的能量相当于 47600 颗长崎原子弹同时爆炸的能量.
我国唐山大地震释放的能量大约相当于 400 颗广岛原子弹同时爆炸的能量.
(1) 如果 7.6 级、7.7 级、7.8 级地震释放的能量规律与 7.8 级、7.9 级、8.0 级地震释放

的能量规律相一致,那么地震的级数每增加 0.1 级,释放的能量增长几倍?(精确到千分位)

(2) 汶川大地震释放的能量相当于唐山大地震释放的能量的几倍?(汶川大地震为 8.0 级,唐山大地震为 7.8 级)

(3) 8 级地震释放的能量是 7 级地震释放的能量的几倍?

(4) 2011 年 1 月 12 日上午 9 时 21 分,黄海地区发生 5.0 级地震,释放的能量是汶川大地震释放的能量的几分之一?

(5) 2011 年 3 月 11 日,日本东北部地区发生 9.0 级地震,释放的能量是我国唐山大地震释放的能量的几倍?

(6) 一颗广岛原子弹的威力相当于多少颗长崎原子弹的威力?(保留整数)

答:(1) 约 1.412 倍.

(2) 约 2 倍.

(3) 约 31.5 倍.

(4) $\dfrac{1}{1.412^{30}} \approx \dfrac{1}{31264}$.

(5) $1.412^{12} \approx 62.8$ 倍.

(6) 约 60 颗.

例 1-1-9 某粮食加工厂送货员给某商店送去 10 箱袋装面粉,每箱 20 袋,每袋 800 克.送完货刚要返回工厂时,厂部突然来电话说 10 箱中有一箱因生产时机器故障,每袋少装了 50 克,要求立即把缺量的一箱带回厂中更换.当时商店无台秤可用,只有一台自动体重机可称重量,每次投币 0.10 元,送货员身边只有一枚壹角硬币.他想了一想,用笔将十个箱子编上号码:1,2,3,…,10,然后从第 1 号箱子取出 1 袋,第 2 号箱子取出 2 袋,第 3 号箱子取出 3 袋,…,第 10 号箱子取出 10 袋,投入硬币,称得总重量为 43800 克,然后他顺利地找出了缺量的那一箱.你知道是哪一箱吗?

解:一共取了 55 袋,按标准重量应为 800×55＝44000(克),但实际重量为 43800 克,相差了 200 克.已知 10 箱中只有一箱重量不够,且每袋都少 50 克.因为 200÷50＝4,说明所取的 55 袋中正好有 4 袋缺量.显然它们是从第 4 号箱子中取出的,所以应将第 4 号箱面粉带回厂更换.

例 1-1-10 西蒙大叔有一天赶着马车去赶集,车上坐着同村的乡亲.走到一个拐弯的地方,一不小心马车撞翻了路边的一篮子鸡蛋,鸡蛋几乎全部打碎,流淌一地.西蒙大叔当即准备赔偿鸡蛋钱.他问蛋的主人:"你篮子里一共有多少个鸡蛋?"蛋主人说:"准确的数我记不清楚了,我在家里把鸡蛋从这个篮子倒腾到那个篮子,又从那个篮子倒腾到这个篮子,倒腾了几遍.我记得,分别按 2 个一次、3 个一次、4 个一次、5 个一次、6 个一次拿出时,篮子里总是剩下一个,而当我按 7 个一次往外拿时,正好拿完,篮里一个也不剩了."车上的乡亲们听了后说:"这怎么能算出来呢?"西蒙大叔慢慢地眨巴着眼,思索了一会儿,又找了根树枝在地上划了一会,说:"你总共有 301 个鸡蛋."蛋主听后,表示同意按此数赔钱.你知道西蒙大叔是怎么算出来的吗?

解：西蒙大叔是这样算的：

因为鸡蛋按 2 个一次、3 个一次、4 个一次、5 个一次、6 个一次拿，最后都剩下一个，符合这样拿法的鸡蛋数最少是 2 至 6 这五个数的最小公倍数多 1，即 61.但 61 个鸡蛋每次拿 7 个，不能正好拿完，所以蛋数应是 60 的倍数加 1，又是 7 的倍数.而 $60\times 2+1=121$，$60\times 3+1=181$，$60\times 4+1=241$，都不能被 7 整除.$60\times 5+1=301$ 能被 7 整除.当然还可算得 721 等也符合条件，可是蛋主的篮子不能装下 721 个鸡蛋，所以可以确定总共有 301 个鸡蛋.

例 1-1-11 某种日报，从报社购进价为每份 n 元，售价为每份 $(m+n)$ 元，卖不掉的报纸还能以每份 $(n-m)$ 元的价格退还给报社 $(m>0,n>0)$.小潘在一个月（30 天计）里有 20 天每天能卖出 400 份，其余 10 天每天只能卖出 250 份.若报社规定同一个月内小潘每天从报社购进的份数必须相同，则她每天从报社购进多少份，才能使月利润最大？

解：设小潘每天从报社购进日报 x 份，月利润为 W 元.

由题意知：当 $x<250$ 或 $x>400$ 时，均不能获得最大月利润，故设 $250\leqslant x\leqslant 400$.

则 $W = 20mx+10[250m-(x-250)m]$
$\quad = 10mx+5000m (m>0)$.

因为当 $m>0$ 时，W 随 x 的增大而增大，

所以当 $x=400$ 时，W 取最大值，最大值是 $9000m$ 元.

答：当她每天从报社购进 400 份日报时，可取得的月利润最大.

例 1-1-12 编号分别为 1 到 30 的 30 张卡片放在一个箱子里.

(1) 每次从中任意抽取 2 张，若两张卡片上的编号的乘积为偶数，即为中奖，则不同的中奖抽取方法有多少种？

(2) 若每次从中任意抽取 3 张，卡片的编号之和为 3 的倍数，即为中奖，则不同的中奖抽取方法有多少种？

解：(1) 1～30 中有 15 个奇数和 15 个偶数，抽得一奇一偶或两偶都可中奖，所以共有：

$$15\times 15+\frac{15\times 14}{1\times 2}=225+105=330(\text{种}).$$

(2) 1～30 中被 3 除余 1、余 2 或能除尽的各有 10 个数.在以上三类数中每类各取一个或在同类中取 3 个都可中奖，所以共有：

$$10\times 10\times 10+3\times \frac{10\times 9\times 8}{1\times 2\times 3}=1000+3\times 120=1360(\text{种}).$$

2. 整　　式

例 1-2-1 有两种日常温度计量单位，一种是摄氏度 t_C，一种是华氏度 t_F，它们可以用公式 $t_F=\frac{9}{5}t_C+32$ 相互换算，则摄氏 100 度相当于华氏 _____ 度.

答：212.

例1-2-2 一位英国医生发现子女成年后的身高与父母的身高有如下的关系:若用 a 表示父亲身高,b 表示母亲身高,则儿子成年后身高为 $\frac{a+b}{2}\times 1.08$,女儿成年后身高为 $\frac{0.923a+b}{2}$.若父亲身高 $a=1.80$ 米,母亲身高 $b=1.64$ 米,则女儿成年后身高为_____米.(精确到 0.01 米)

答:1.65.

例1-2-3 上海市实行阶梯水价,人数不超过 4 人的家庭,每年每户用水不超过 220 吨(包括 220 吨),每吨按 3.45 元计费;超过 220 吨不满 300 吨(包括 300 吨)的部分按每吨 4.83 元计费;超过 300 吨以上部分,每吨按 5.83 元计费.小华家 4 人,2018 年全年共付水费 1320.3 元,则他家 2018 年全年共用水_____吨.

答:330.

例1-2-4 在体育课上,王老师要同学们排成一列,按 1 至 2,1 至 3,1 至 7 报数各一遍.他问排在最后的同学:在这三次报数中,你各次报的都是几?那位同学说,我各次报的都是 1.则这个班级共有_____名同学.(假设这个班的总人数不超过 60 人)

答:43.

例1-2-5 某校双休日对外开放的活动场地最多可容纳 200 人同时参加活动.某开放日值班老师在统计了当天参加活动的总人数后发现,当天参加活动的总人数如果按 4 人一组或 5 人一组分组会多出 3 人;如果按 7 人一组分组会多出 2 人.那么当天参加活动的总人数是_____人或_____人.

答:23 或 163.

例1-2-6 某林场 2016 年底有林木 1000 万立方米,自然增长加上人工培育,可使林木每年比上年增长 20%.若上级要求该林场 2017 年底、2018 年底、2019 年底都要砍伐相同数量的林木支援国家建设,并要求 2019 年底砍伐后,林场留存的林木总量不少于 1500 万立方米.每年年底最多只能砍伐多少万立方米?(精确到 0.1 万)

解: 设每年年底砍伐 x 万立方米上交,3 年后(2019 年底)林场可留存林木 1500 万立方米.一年后(2017 年底)林场存有林木数量:
$$1000\times(1+20\%)-x=1000\times 1.2-x,$$
两年后(2018 年底)林场存有林木数量:
$$(1000\times 1.2-x)\times 1.2-x=1000\times 1.2^2-x(1+1.2),$$
三年后(2019 年底)林场存有林木数量:
$$1000\times(1.2)^3-x(1+1.2+1.2^2)=1500,$$
即 $1000\times(1.2)^3-x\dfrac{1.2^3-1}{1.2-1}=1500,$

解得 $x\approx 62.6.$

所以，每年年底最多只能砍伐 62.6 万立方米，才能使 2019 年底林场留存量达到 1500 万立方米.

例 1-2-7 三个旅行家在一个雪夜里放弃大路不走，而想从宽 4 千米的山谷中穿出去. 他们走了很久，按时间计算应该已经到达目的地了，可每次总是莫名其妙地回到原出发点附近，最后不得不在山谷中坐到天明. 这就是迷信中人们所说的"鬼迷路"现象. 这里我们用数学知识解释并进行计算：人走路时，左右两脚间的距离大约是 0.1 米，每一步大约是 0.7 米，由于每个人两脚的力量不可能完全一致，迈出的步长也就不一样. 所以一个人闭了眼睛在一空旷地上走出的路线不是一条直线，实际上是在"打圆圈"，这就形成了"鬼迷路"的现象. 假如某人右脚比左脚每一步多迈出 l 米（即脚步差），所转圆圈半径为 R 米，又假设右脚在外圈，走一圈共行了 $2\pi R$ 米，左脚在内圈，走一圈共行了 $2\pi(R-0.1)$ 米，那么走一圈，两脚的行程差为 0.2π 米. 人走一圈，左右脚各走 $\dfrac{2\pi R}{2\times 0.7}$ 步，由于脚步差×步数=路程差，所以 $l \cdot \dfrac{2\pi R}{2\times 0.7}=0.2\pi$，即 $Rl=0.14$. 试问：

(1) 若 $l=1$ 毫米，那么此人转圈子的半径是多少米？

(2) 如果题中三个旅行家转圈子的直径为 4 千米，问他们的脚步差是多少？

解：(1) 将 $l=1$ 毫米 $=0.001$ 米代入 $Rl=0.14$，得 $R=140$ 米；即此人转圈子的半径为 140 米.

(2) 由题意，$R=\dfrac{4\times 1000}{2}=2000$（米），代入 $Rl=0.14$，

得脚步差 $l=\dfrac{0.14}{2000}=0.00007$ 米$=0.07$ 毫米.

故三位旅行家的脚步差是 0.07 毫米.

例 1-2-8 小李家改善住房，年底买入新房. 首付 60% 后，向银行贷款 80 万元，约定 5 年还清. 假定小李家采取的还款方式是每年年底归还银行相同一笔数量的还款，借款一年后的年底第一次归还，分 5 年还清. 那么小李家每年要还款多少？（假定银行 5 年期贷款年利率 5.0%，精确到元）

解：假定小李家每年年底归还银行 x 元，

则到第一年年底还款后，向银行欠款数为

$800000(1+5\%)-x=800000\times 1.05-x$（元），

到第二年年底还款后，欠款数为

$(800000\times 1.05-x)\times(1+5\%)-x$

$=800000\times 1.05^2-1.05x-x$

$=800000\times 1.05^2-x(1.05+1)$.

依次类推，到第五年年底还款后，欠款数为

$800000\times 1.05^5-x(1.05^4+1.05^3+1.05^2+1.05+1)$

$$=800000\times 1.05^5-\frac{1.05^5-1}{1.05-1}x.$$

因为约定 5 年还清,所以应有

$$800000\times 1.05^5-\frac{1.05^5-1}{1.05-1}x=0,$$

解得 $x=184780$(元),

即每年年底需还款 184780 元,五年可以还清.

例 1-2-9 团体操排练时,老师让到场的学生排成一个横排人数与竖排人数一样的方阵,人数正好不多也不少,那么在接下去的按 7 人一组分组排练时,分完组后会不会多出 5 个人来?

解: 设到场的总人数为 m^2 人(m 为自然数).考虑 m 被 7 除的余数 0,1,2,3,4,5,6,共七种可能.把 m 分别设为 $m=7k,7k+1,7k+2,7k+3,7k+4,7k+5,7k+6$($k$ 为自然数),那么总人数 m^2 分别为

$$m^2=(7k)^2=49k^2=7(7k^2),$$

或 $m^2=(7k+1)^2=49k^2+14k+1=7(7k^2+2k)+1,$

或 $m^2=(7k+2)^2=49k^2+28k+4=7(7k^2+4k)+4,$

或 $m^2=(7k+3)^2=49k^2+42k+9=7(7k^2+6k+1)+2,$

或 $m^2=(7k+4)^2=49k^2+56k+16=7(7k^2+8k+2)+2,$

或 $m^2=(7k+5)^2=49k^2+70k+25=7(7k^2+10k+3)+4,$

或 $m^2=(7k+6)^2=49k^2+84k+36=7(7k^2+12k+5)+1.$

以上结果表示总人数 m^2 按 7 人分组只可能多出 1 人或 2 人或 4 人或不多不少,所以不可能多出 5 人.

例 1-2-10 如图 1-2-1,在 Rt△ABC 中,$AB\perp BC$,$AB:BC=7:24$,四边形 ADEB 为正方形,△BFC 为正三角形,四边形 AGHC 为矩形,$AC:CH=2:1$.一只老鼠沿 ADEBFC 的方向逃窜,一只猫从 A 点同时出发,沿 AGHCF 的方向迎头包抄过去,在离 C 点 10 米处的 M 点把老鼠迎头捉住.若 $V_{鼠}:V_{猫}=10:13$,求 AB 与 BC 的长(精确到 0.1 米).

解: 设 $AB=7x$,则 $BC=24x$,$AC=25x$.

猫捉住老鼠时,老鼠走了 $(69x-10)$ 米,猫走了 $(50x+10)$ 米.

设猫捉住老鼠共用了 t 秒,

$\therefore$ $V_{鼠}=\dfrac{69x-10}{t}$,$V_{猫}=\dfrac{50x+10}{t}$.

由 $V_{鼠}:V_{猫}=10:13$,

得 $13(69x-10)=10(50x+10)$,

解得 $397x=230$,故 $x\approx 0.579$,

$\therefore$ $AB=7x\approx 4.1$ 米,$BC=24x\approx 13.9$ 米.

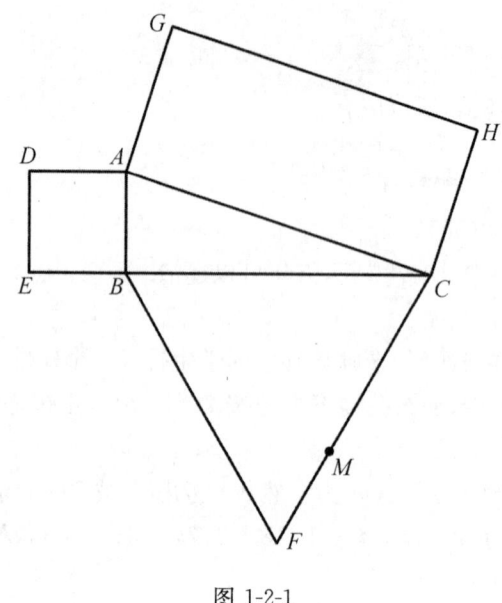

图 1-2-1

例 1-2-11 现有甲、乙两个服装厂生产同一种服装,甲厂每月生产成衣 900 套,生产上衣和裤子的时间比是 2∶1;乙厂每月生产成衣 1200 套,生产上衣和裤子的时间比是 3∶2.若两厂分工合作,请安排一个生产方案,其产量超过原两厂生产能力之和,并求出每月生产出多少套成衣.

解:如果甲厂仅生产上衣,每月可生产 900+450=1350(件),

如果甲厂仅生产裤子,每月可生产 900×2+900=2700(件).

如果乙厂仅生产上衣,每月可生产 1200+1200×$\frac{2}{3}$=2000(件),

如果乙厂仅生产裤子,每月可生产 1200+1200×$\frac{3}{2}$=3000(件).

上述数据中,$\frac{2000}{1350}$反映了乙厂生产上衣比甲厂生产上衣的优势,

$\frac{3000}{2700}$反映了乙厂生产裤子比甲厂生产裤子的优势.

由于$\frac{2000}{1350}>\frac{3000}{2700}$,所以选择乙厂生产上衣,可产 2000 件.

甲厂生产 2000 条裤子需$\frac{2000}{2700}$月,剩下$\left(1-\frac{20}{27}\right)$月时间再生产成套成衣,可生产

$$\left(1-\frac{20}{27}\right)\times 900=\frac{7}{27}\times 900=\frac{700}{3}\approx 233(套).$$

这样,共可生产服装 2000+233=2233(套),比原来两厂生产总和 2100 套还多 133 套.

二、一次方程与不等式

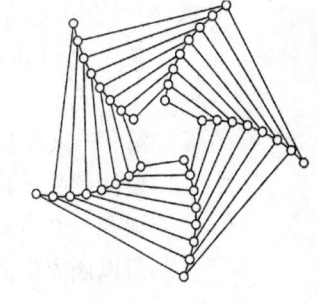

1. 一次方程和一次方程组

例 2-1-1 有一队伍以 1.4 米/秒的速度行军,末尾有一通讯员因事要通知排头,于是以 2.6 米/秒的速度从末尾赶到排头并立即返回排尾,共用了 10 分 50 秒.那么队伍长为_____米.

解：设通讯员从末尾赶到排头用了 x 秒,10 分 50 秒=650 秒,所以返回用了 $(650-x)$ 秒.

根据题意得 $2.6x-1.4x=2.6(650-x)+1.4(650-x)$,

解得 $x=500$,$2.6x-1.4x=600$(米).

答：队伍有 600 米长.

例 2-1-2 某校举办数学竞赛,有 120 人报名参加,竞赛结果如下：总平均成绩为 66 分,及格生平均成绩为 76 分,不及格生平均成绩为 52 分,则这次数学竞赛中,及格的学生有_____人,不及格的学生有_____人.

解：设及格的学生有 x 人,不及格的学生有 $(120-x)$ 人.

则 $76x+52(120-x)=120\times 66$,解得 $x=70$.

所以及格的学生有 70 人,不及格的学生有 50 人.

例 2-1-3 甲、乙两地相距 360 千米,一轮船往返于甲、乙两地之间,顺流行驶完全程用 18 小时,逆流行驶完全程用 24 小时,则船在静水中的速度为_____千米/时,水流速度为_____千米/时.

解：设船在静水中的速度为 x 千米/时,水流速度为 y 千米/时.

则 $\begin{cases} 18(x+y)=360, \\ 24(x-y)=360, \end{cases}$ 解得 $\begin{cases} x=17.5, \\ y=2.5. \end{cases}$

所以船在静水中的速度为 17.5 千米/时,水流速度为 2.5 千米/时.

例 2-1-4 某商场在节日期间举行促销活动,规定：

(1) 若所购商品标价不超过 200 元,则不给予优惠；

(2) 若所购商品标价超过 200 元但不超过 500 元,则超过 200 元的部分给予 9 折优惠；

(3) 若所购商品标价超过 500 元,其 500 元内(含 500 元)的部分按第(2)条给予优惠,超过500元的部分给予8折优惠.

某人在该商场购买了一件电器共节省了330元,则该家电商品在商场的标价为_____元.

解:若该商品价格为500元,则只能节省30元,所以该商品价格一定超过500元.

设该商品价格为x元$(x>500)$,

则$30+0.2(x-500)=330$,解得$x=2000$.

所以该家电商品在商场的标价为2000元.

例2-1-5 一个两位数的十位数字与个位数字的和为8,若把这个两位数加上18,正好等于将这个两位数的十位数字与个位数字对调后所组成的新两位数,则原来的两位数为_____.

解:设原来两位数的十位数字为x,个位数字为y.

则$\begin{cases} x+y=8, \\ 10x+y+18=10y+x, \end{cases}$ 解得 $\begin{cases} x=3, \\ y=5. \end{cases}$

所以原来的两位数为35.

例2-1-6 如图2-1-1,甲从点A出发,沿着边长为90米的正方形,按逆时针方向行走,每分钟走65米,乙从点B出发,每分钟走72米.当乙第一次追上甲时,他们在正方形的_____边上(填"AB""BC""CD"或"DA").

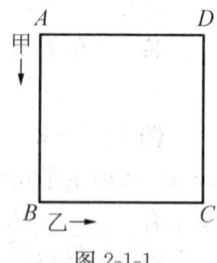

图2-1-1

解:设乙追上甲时,走了x分钟,甲与乙的距离:$3\times 90=270$(米).

根据题意,得$72x=65x+270$,解得$x=\dfrac{270}{7}$.

在这段时间里乙走了:$\dfrac{270}{7}\times 72=2777\dfrac{1}{7}=(4\times 7+2)\times 90+77\dfrac{1}{7}$,

所以此时在DA边上.

答:当乙第一次追上甲时,他们在DA边上.

例2-1-7 文具店有铅笔、练习本、圆珠笔三种学习用品可供购买.若购铅笔3支、练习本7本、圆珠笔1支共需6.3元;若购铅笔4支、练习本10本、圆珠笔1支共需8.4元.现购铅笔、圆珠笔各1支,练习本1本,共需多少元?

解:设铅笔单价为x,练习本单价为y,圆珠笔单价为z.

则$\begin{cases} 3x+7y+z=6.3, \\ 4x+10y+z=8.4. \end{cases}$ 显然未知量个数大于方程个数,不能用常规方法解答.

要求$x+y+z$的值,可设

$x+y+z=a(3x+7y+z)+b(4x+10y+z)=(3a+4b)x+(7a+10b)y+(a+b)z$.

∴ $\begin{cases} 3a+4b=1, \\ 7a+10b=1, \\ a+b=1 \end{cases} \Rightarrow \begin{cases} a=3, \\ b=-2 \end{cases}$ (2个未知量3个方程的解为无解或唯一解).

∴ $x+y+z=3\times6.3-2\times8.4=2.1$(元).

所以购买铅笔、圆珠笔各1支,练习本1本,共需2.1元.

例2-1-8 某人在公路上行走,往返公共汽车每隔4分钟就有一辆与此人迎面相遇,每隔6分钟就有一辆从背后超过此人.如果人与汽车均为匀速运动,那么汽车站每隔几分钟发一班车?

分析:此题看起来似乎不易找到相等关系,注意到某人在公路上行走与迎面开来的车相遇,是相遇问题,人与汽车4分钟所行的路程之和恰是两辆相继同向行驶的公共汽车的距离;每隔6分钟就有一辆车从背后超过此人是追及问题,车与人6分钟所行的路程差恰是两车的距离,再引入速度(未知常量)作参数,问题就解决了.

解:设汽车站每隔 x 分钟发一班车,人的速度为 v_1,汽车的速度为 v_2.

根据题意,得 $4(v_1+v_2)=6(v_2-v_1)=v_2 x$.

由前半部分可得 $v_2=5v_1$,代入原式可得 $24v_1=5v_1 x$,$x=4.8$(分).

答:汽车站每隔4.8分钟发一班车.

例2-1-9 某校组织150名师生到外地旅游,这些人5点才能出发,为了赶火车,6点55分必须到火车站.他们仅有一辆可乘50人的客车,车速为36千米/时,学校离火车站21千米,显然若全部路程都乘车,则客车需要多次往返,故时间来不及,只能乘车与步行同时进行.如果步行每小时能走4千米,那么应如何安排,才能使所有人都按时到达火车站?

分析:把150人分3批,每批50人,均要在115分钟内$\left(即\frac{23}{12}小时\right)$到达火车站,每人步行时间应该相同,乘车时间也相同.

设每人步行时间为 x 小时,乘车时间为 $\left(\frac{23}{12}-x\right)$ 小时,列出方程,解出 x,就可以安排了,不过要验证一下客车能否在115分钟内完成往返接送.

解:设每人步行时间为 x 小时,乘车时间为 $\left(\frac{23}{12}-x\right)$ 小时.

根据题目中的条件列出方程:$4x+36\left(\frac{23}{12}-x\right)=21$,

解得 $x=1.5$,即为90分钟,那么每人乘车时间为25分钟.

安排如下:三批人同时5点出发,第一批人乘车25分钟到达 A 点,下车步行;客车从 A 点立即返回,在 B 点遇上步行的第二批人,乘25分钟车后至 C 点下车步行;客车再从 C 点返回,在 D 点遇上步行的第三批人,把他们直接送到火车站.

如此安排,第一、二批人能准时到火车站,只需验证第三批人也能准时到即可.

第一批人到 A 点,客车行驶 $36\times\frac{25}{60}=15$(千米),第二批人已经走了 $4\times\frac{25}{60}=\frac{5}{3}$(千米),客车返回至 B 点接第二批人需要 $\frac{15-\frac{5}{3}}{36+4}=\frac{1}{3}$(时),即20分钟,同理可得客车第二次

返回也用了 20 分钟,那么客车在遇上第三批人时共用了 $2\times25+2\times20=90$(分),正好剩下 25 分钟送第三批人到达火车站. 所以上述安排可行.

例 2-1-10 晚上 8 点刚过,不一会儿小华开始做作业,一看钟,时针和分针刚好成一直线. 做完作业再看钟,还不到 9 点,而且分针与时针恰好重合. 小华做作业总共用了多长时间?

分析: 要解决本问题,首先必须搞清楚有关钟表的几个数量关系:

(1) 如果时针正指在 $1,2,3,\cdots,12$ 上时,分针必指在 12 上.

(2) 分针每小时走一圈(60 格),即每分钟走一格,时针每小时走 5 格,即每分钟走 $\dfrac{1}{12}$ 格.

解: 在 8 点到 9 点之间,钟表的时针和分针成一直线,必然是分针指在数字 2 和 3 之间,根据一圈 $360°$ 可以知道,一直线即 $180°$ 表示 30 格,即分针在时针后 30 格.

设实际开始做作业的时间为 8 时 x 分,

据题意有:$x=5\times8+\dfrac{x}{12}-30$,解得 $x=\dfrac{120}{11}=10\dfrac{10}{11}$.

在 8 点到 9 点之间,钟表的时针和分针重合在一起.
设做完作业的时间为 8 时 y 分.

据题意有:$y=5\times8+\dfrac{y}{12}$,解得 $y=\dfrac{480}{11}=43\dfrac{7}{11}$.

再把做完作业的时间减去开始做作业的时间:

$$43\dfrac{7}{11}-10\dfrac{10}{11}=32\dfrac{8}{11}.$$

因此,开始做作业的时间是 8 时 $10\dfrac{10}{11}$ 分,结束的时间是 8 时 $43\dfrac{7}{11}$ 分,共花 $32\dfrac{8}{11}$ 分钟.

例 2-1-11 一条船航行于 A、B 两码头之间,顺流行驶 40 分钟还差 4 千米才能到达,逆流行驶需 1 小时 10 分钟到达. 已知逆流行驶速度是每小时 12 千米,求船在静水中的速度.

分析: 我们把两种情况下的航行分别建立一个方程,但是未知量较多,有静水中速度、水流速度和 A、B 两地之间的距离.

解: 设船在静水中的速度为 v_1 千米/时,水流速度为 v_2 千米/时,那么顺流中的速度为 (v_1+v_2) 千米/时,逆流中的速度为 (v_1-v_2) 千米/时,再设 A、B 两地之间的距离为 s.

40 分 $=\dfrac{2}{3}$ 时,1 时 10 分 $=\dfrac{7}{6}$ 时.

由已知有:$\begin{cases}12=v_1-v_2,\\ s-4=(v_1+v_2)\times\dfrac{2}{3},\\ s=(v_1-v_2)\times\dfrac{7}{6}.\end{cases}$

利用逆流中的速度可以计算出 A、B 两地之间的距离 $s=14$ 千米,然后转化成二元一次方程组：

$$\begin{cases} 12 = v_1 - v_2, \\ 10 = (v_1 + v_2) \times \dfrac{2}{3}, \end{cases} \text{即可以解得} \begin{cases} v_1 = 13.5, \\ v_2 = 1.5. \end{cases}$$

所以，船在静水中的速度为 13.5 千米/时．

例 2-1-12 整片牧场上的草长得一样密，一样地快．已知 70 头牛在 24 天里把草吃完，而 30 头牛就得 60 天．如果要在 96 天内把牧场的草吃完，那么有多少头牛？（假设每头牛每天的吃草量相同）

分析：牧场原有草量是多少？每天生长的草量是多少？每头牛每天吃掉的草量是多少？只要把这三个量设成字母，分别用 a、b、c 表示，再设所求牛的头数为 x，则可以列出 3 个方程．如果能消去参数，就能解出 x．

解：设整片牧场原有草量是 a，每天生长的草量是 b，每头牛每天吃掉的草量是 c，x 头牛在 96 天内把牧场的草吃完，则有

$$\begin{cases} 24 \times 70c = a + 24b, \\ 60 \times 30c = a + 60b, \\ 96cx = a + 96b \end{cases} \Rightarrow \begin{cases} 120c = 36b, \\ 96cx - 1800c = 36b \end{cases} \Rightarrow 96cx = 1920c \Rightarrow x = 20.$$

答：20 头牛能在 96 天内把牧场的草吃完．

例 2-1-13 有三种水果 A、B、C，单价分别为 2 元/千克，1.2 元/千克，10 元/千克．为了促销，商店推出了三种搭配水果篮：

甲：2 千克 A 和 4 千克 B；

乙：3 千克 A、8 千克 B 和 1 千克 C；

丙：2 千克 A、6 千克 B 和 1 千克 C．

已知某天的销售额为 418.4 元，其中水果 A 的销售额为 100 元，求水果 C 的销售额．

分析：这里我们不能设水果的销售量为未知数，因为这样设找不到三种水果销售量之间的关系．让我们设水果篮的销售量为未知数，甲的销售量为 x，乙的销售量为 y，丙的销售量为 z，根据总销售额得到一个方程（先把甲、乙、丙的单价算出来），然后再根据 A 的销售额和甲、乙、丙卖出一个相当于 A 卖出的千克数这个关系得到另一个方程．

解：设甲的销售量为 x，乙的销售量为 y，丙的销售量为 z．它们的单价分别为：

甲：$2 \times 2 + 4 \times 1.2 = 8.8$（元）；

乙：$3 \times 2 + 8 \times 1.2 + 1 \times 10 = 25.6$（元）；

丙：$2 \times 2 + 6 \times 1.2 + 1 \times 10 = 21.2$（元）．

甲售出一个，A 就卖出 2 千克，得到 4 元．

同理：乙售出一个，A 卖出 3 千克，得到 6 元；

丙售出一个，A 卖出 2 千克，得到 4 元．

由已知 $\begin{cases} 8.8x + 25.6y + 21.2z = 418.4, & ① \\ 4x + 6y + 4z = 100. & ② \end{cases}$

理论上，3 个未知量 2 个方程无法解出每个未知量的值．

要求的是 C 的销售额,与甲无关,所以先把未知量 x 用消元法消掉.
①$-$②$\times 2.2$ 得到 $12.4y+12.4z=198.4$,即 $y+z=16$.

因为乙售出一个,C 卖出 1 千克;丙售出一个,C 卖出 1 千克. 而现在乙和丙一共售出 $(y+z)$ 个,即 16 个,那么 C 卖出 16 千克,销售额为 160 元.

2. 一次不等式(组)

例 2-2-1 苹果进价为每千克 9.5 元,销售中估计有 5% 的正常损耗,那么商家应该定价至少_____元才能保本.

解:设商家定价为每千克 x 元,苹果总量为 a.

则 $9.5a \leqslant (1-0.05)ax$,$x \geqslant 10$.

答:商家应该定价至少 10 元才能保本.

例 2-2-2 某玻璃制品销售公司今年 1 月份调整了职工的月工资分配方案,调整后月工资由基本保障工资和计件奖励工资两部分组成(计件奖励工资 = 销售每件的奖励金额 $\times$ 销售的件数).下表是甲、乙两位职工今年五月份的工资情况信息:

职工	甲	乙
月销售件数(件)	200	180
月工资(元)	1800	1700

(1) 则工资分配方案调整后职工的月基本保障工资是_____元和销售每件产品的奖励金额是_____元;

(2) 若职工丙今年 6 月份的工资不低于 2000 元,那么丙该月至少应销售_____件产品.

解:(1) 设职工的月基本保障工资为 x 元,销售每件产品的奖励金额为 y 元.

由题意得 $\begin{cases} x+200y=1800, \\ x+180y=1700, \end{cases}$

解得 $\begin{cases} x=800, \\ y=5. \end{cases}$

所以职工月基本保障工资为 800 元,销售每件产品的奖励金额 5 元.

(2) 设该公司职工丙 6 月份销售 z 件产品,

由题意得 $800+5z \geqslant 2000$,

解这个不等式得 $z \geqslant 240$.

所以职工丙 6 月份至少销售 240 件产品.

例 2-2-3 小杨在商店购买了 a 件甲种商品,b 件乙种商品,共用 213 元.已知甲种商品每件 7 元,乙种商品每件 19 元,那么 $a+b$ 的最大值是_____.

解：根据题意，得 $7a+19b=213 \Rightarrow \begin{cases} b=\dfrac{213}{19}-\dfrac{7}{19}a, \\ a\leqslant 30, \\ b\leqslant 11, \end{cases}$ 所以 $a+b=\dfrac{213}{19}+\dfrac{12}{19}a$.

显然 a 越大，$a+b$ 越大，但要满足是整数.
当 $a=30、29、28、27、26$ 时，b 不是整数，舍去；
当 $a=25$，$b=2$ 时，$a+b=27$，为最大值.
答：$a+b$ 的最大值是 27.

例 2-2-4 某儿童服装店欲购进 A、B 两种型号的儿童服装. 经调查：B 型号童装的进货单价是 A 型号童装的进货单价的两倍，购进 A 型号童装 60 件和 B 型号童装 40 件共用去 2100 元.

(1) A 型号童装的进货单价是_____元，B 型号童装的进货单价是_____元；

(2) 若该店每销售 1 件 A 型号童装可获利 4 元，每销售 1 件 B 型号童装可获利 9 元，该店准备用不超过 6300 元购进 A、B 两种型号童装共 300 件，且这两种型号童装全部售出后总获利不低于 1795 元. 该店应该进货 A 型号童装_____件，B 型号童装_____件，才能使总获利最大，最大总获利为_____元.

解：(1) 设 A 型号童装的进货单价为 x 元，则 B 型号童装的进货单价为 $2x$ 元.
则 $60x+40\times 2x=2100$，解得 $x=15$.
所以 A 型号童装的进货单价为 15 元，则 B 型号童装的进货单价为 30 元.
(2) 设 A 型号童装进货 a 件，B 型号童装进货 b 件.
则 $\begin{cases} a+b=300, \\ 15a+30b\leqslant 6300, \\ 4a+9b\geqslant 1795, \end{cases}$ 解得 $\begin{cases} 180\leqslant a\leqslant 181, \\ 119\leqslant b\leqslant 120. \end{cases}$

方案一：A 型号童装进货 180 件，获利 1800 元；
方案二：A 型号童装进货 181 件，获利 1795 元.
所以应该 A 型号童装进货 180 件，B 型号童装进货 120 件，获利 1800 元.

例 2-2-5 某地区举办初中应用数学竞赛，有 A、B、C 和 D 四所中学参加. 其中，A、B 两校共有 96 人参赛，B、C 两校共有 100 人参赛，C、D 两校共有 120 人参赛；并且 A、B、C 三所学校的参赛人数依次增加. 求各所中学的参赛人数.

解：设 A、B、C 和 D 四所中学的参赛人数分别为 x、y、z 和 u.
根据题意得：
$$\begin{cases} x+y=96, & \text{①} \\ y+z=100, & \text{②} \\ z+u=120, & \text{③} \\ x<y<z. & \text{④} \end{cases}$$

由于 $x<y$，$x+y<2y$，所以 $2y>96$，$y>48$；
由于 $y<z$，$y+z>2y$，所以 $2y<100$，$y<50$.

于是 $48 < y < 50$，y 是人数，只能是整数，所以 $y=49$.

再代入①、②、③式中，可得到 $\begin{cases} x=47, \\ y=49, \\ z=51, \\ u=69. \end{cases}$

答：A 校参赛人数为 47 人，B 校参赛人数为 49 人，C 校参赛人数为 51 人，D 校参赛人数为 69 人.

例 2-2-6 某篮球运动员共参加了 10 场比赛，他在第 6、第 7、第 8、第 9 场比赛中分别获得了 23、14、11 和 20 分，他的前 9 场比赛的平均分比前 5 场比赛的平均分要高. 如果他的 10 场比赛的平均分超过 18 分，问：他在第 10 场比赛中至少得了多少分？

分析：这里的平均分可以不是整数. 解题可考虑放缩法.

解：设前 5 场比赛的总分为 x 分，第 10 场比赛得分为 y 分，则

$$\frac{x+68}{9} > \frac{x}{5} \Rightarrow x < 85 \Rightarrow x \leqslant 84;$$

$$18 < \frac{x+68+y}{10} \leqslant \frac{84+68+y}{10} \Rightarrow y > 28 \Rightarrow y \geqslant 29.$$

答：他在第 10 场比赛中至少得了 29 分.

例 2-2-7 某家电生产企业根据市场调查分析，决定调整产品生产方案，准备每周（按 120 个工时计算）生产空调、彩电、冰箱共 360 台，且冰箱至少生产 60 台. 已知生产这些家电产品每台所需工时和每台产值如下表：

家电名称	空调	彩电	冰箱
工时	$\frac{1}{2}$	$\frac{1}{3}$	$\frac{1}{4}$
产值（千元）	4	3	2

问：每周应生产空调、彩电、冰箱各多少台，才能使产值最高？最高产值是多少（以千元为单位）？

解：设空调 x 台，冰箱 y 台，彩电 $(360-x-y)$ 台. 显然每个工时都能生产整数台空调、冰箱或彩电，所以总生产工时等于 120.

则 $\begin{cases} y \geqslant 60, \\ \frac{1}{2}x + \frac{1}{3}(360-x-y) + \frac{1}{4}y = 120 \end{cases} \Rightarrow \begin{cases} 360 \geqslant y \geqslant 60, \\ x = \frac{1}{2}y. \end{cases}$

用字母 m 表示一周产值，则 $m = 4x + 3(360-x-y) + 2y = 1080 - \frac{1}{2}y$，$360 \geqslant y \geqslant 60$，

$\therefore$ 当 $y=60$，$x=30$ 时，m 最大，最大为 1050.

即最高产值是 1050 千元，每周生产 30 台空调，270 台彩电，60 台冰箱.

例 2-2-8 空气质量可分为优、良、轻度污染、中度污染和重度污染五种. 某市去年

空气质量整体良好,其中质量为优的天数超过全年的天数的 $\frac{1}{4}$,不到质量为良的天数的一半,质量为优、良的天数占全年天数的 $\frac{59}{73}$,轻度污染的天数比优的天数的一半多 5 天,中度污染的天数介于重度污染的天数的 3 倍到 4 倍间.又已知轻度污染的天数为偶数,全年共 365 天,则五种空气质量的天数分别是多少?

解:设五种空气质量的天数分别为 a、b、c、d、e,根据题意得:

$$\begin{cases} a > 365 \times \frac{1}{4}, \\ a < \frac{b}{2}, \\ a + b = 365 \times \frac{59}{73}, \\ c = \frac{a}{2} + 5, \\ 3e < d < 4e \end{cases} \Rightarrow \begin{cases} a \geq 92, \\ a + b = 295, \\ c = \frac{a}{2} + 5, \\ 3e < d < 4e. \end{cases}$$

因为 $b > 2a$,所以 $3a < 295 \Rightarrow a \leq 98$.

因为 c 是偶数,所以 a 也是偶数,即 a 可能为 92、94、96、98.

当 a 为 92 或 96 时,c 是奇数,舍去;当 a 为 94 或 98 时,c 是 52 或 54.

而 $c + d + e = 70$,当 c 是 54 时,$d + e = 16 \Rightarrow 4e < 16 < 5e$,无整数解,舍去.

所以 $c = 52$,$a = 94$,$b = 201$,$d + e = 18 \Rightarrow 4e < 18 < 5e$,$e = 4$,$d = 14$.

答:空气质量为优的有 94 天,良的有 201 天,轻度污染有 52 天,中度污染有 14 天,重度污染有 4 天.

例 2-2-9 南方 A 市欲将一批容易变质的水果运往 B 市销售,共有飞机、火车、汽车三种运输方式,现只可选择其中的一种.这三种运输方式的主要参考数据如下:

运输工具	途中速度 (千米/时)	途中费用 (元/千米)	装卸费(元)	装卸时间 (时)
飞机	200	16	1000	2
火车	100	4	2000	4
汽车	50	8	1000	2

若这批水果在运输(包括装卸)过程中的损耗为 200 元/时,设 A、B 两市间的距离为 x 千米,应采用哪种运输方式,才能使运输时的总支出费最小?

分析:用飞机、火车、汽车运送这批水果途中所需时间(包括装卸时间)分别为 $\left(\frac{x}{200} + 2\right)$ 小时,$\left(\frac{x}{100} + 4\right)$ 小时,$\left(\frac{x}{50} + 2\right)$ 小时.所需费用(包括装卸费用)分别为:$(16x + 1000)$ 元,$(4x + 2000)$ 元,$(8x + 1000)$ 元,然后列出每种运输工具运输时的总支出费用,再进行比较.

解:设用飞机、火车、汽车这三种运输工具运输时的总支出费用(包括损失)分别为 w_1、w_2、w_3,

则 $w_1 = 16x + 1000 + \left(\dfrac{x}{200} + 2\right) \times 200 = 17x + 1400$,

$w_2 = 4x + 2000 + \left(\dfrac{x}{100} + 4\right) \times 200 = 6x + 2800$,

$w_3 = 8x + 1000 + \left(\dfrac{x}{50} + 2\right) \times 200 = 12x + 1400$.

$\because w_1 - w_3 = 5x > 0, \therefore w_1 > w_3$ 恒成立.

$$w_1 - w_2 = 11x - 1400,$$

$\therefore$ 当 $0 < x \leqslant \dfrac{1400}{11}$ 时, $w_2 \geqslant w_1 > w_3$;

当 $x > \dfrac{1400}{11}$ 时, $w_1 > w_2$.

$$w_2 - w_3 = 1400 - 6x,$$

$\therefore$ 当 $0 < x \leqslant \dfrac{700}{3}$ 时, $w_2 \geqslant w_3$;

当 $x > \dfrac{700}{3}$ 时, $w_2 < w_3$.

综上所述: 当 $0 < x \leqslant \dfrac{1400}{11}$ 时, $w_2 \geqslant w_1 > w_3$;

当 $\dfrac{1400}{11} < x < \dfrac{700}{3}$ 时, $w_1 > w_2 > w_3$;

当 $x = \dfrac{700}{3}$ 时, $w_1 > w_3 = w_2$;

当 $x > \dfrac{700}{3}$ 时, $w_1 > w_3 > w_2$.

所以当距离在 $\dfrac{700}{3}$ 公里以内时, 选汽车运输; 当距离大于 $\dfrac{700}{3}$ 公里时, 选火车运输; 当距离等于 $\dfrac{700}{3}$ 公里, 汽车运输与火车运输都行.

例 2-2-10 某缝纫社有甲、乙、丙、丁 4 个小组, 甲组每天能缝制 8 件上衣或 10 条裤子; 乙组每天能缝制 9 件上衣或 12 条裤子; 丙组每天能缝制 7 件上衣或 11 条裤子; 丁组每天能缝制 6 件上衣或 7 条裤子. 现在上衣和裤子要配套缝制 (每套为一件上衣和一条裤子). 问: 7 天中这 4 个小组最多可缝制多少套衣服?

分析: 不能仅按生产上衣或裤子的数量来安排生产, 应该考虑各组生产上衣、裤子的效率高低, 在配套下安排生产. 我们首先要说明安排做上衣效率高的多做上衣, 做裤子效率高的多做裤子, 才能使所做衣服套数最多.

一般情况下, 设 A 组每天能缝制 a_1 件上衣或 b_1 条裤子, 它们的比为 $\dfrac{a_1}{b_1}$; 类似的, B 组每天缝制的上衣与裤子数量之比为 $\dfrac{a_2}{b_2}$. 若 $\dfrac{a_1}{b_1} > \dfrac{a_2}{b_2}$, 则应在安排 A 组尽量多做上衣, B 组尽

量多做裤子的情况下,安排配套生产.这是因为,若安排 A 组做 m 条裤子,则在这段时间内可做 $\frac{a_1}{b_1}m$ 件上衣;这些上衣若安排 B 组做,要用 $\frac{a_1 m}{b_1 a_2}$ 天时间.在这段时间内 B 组可做 $\frac{a_1 m}{b_1 a_2}b_2$ 条裤子,由于 $\frac{a_1 m}{b_1 a_2}b_2 = \frac{\frac{a_1}{b_1}}{\frac{a_2}{b_2}}m > m$,因此 A 组尽量多做上衣,B 组尽量多做裤子.

解:甲、乙、丙、丁 4 组每天缝制上衣或裤子数量之比分别为 $\frac{8}{10}$、$\frac{9}{12}$、$\frac{7}{11}$、$\frac{6}{7}$.由于 $\frac{6}{7} > \frac{8}{10} > \frac{9}{12} > \frac{7}{11}$,所以丁组生产上衣和丙组生产裤子的效率高,故这 7 天安排这两组生产单一产品.

设甲组生产上衣 x 天,生产裤子 $(7-x)$ 天,乙组生产上衣 y 天,生产裤子 $(7-y)$ 天,则 4 个组分别共生产上衣、裤子各为 $(6\times 7 + 8x + 9y)$ 件和 $[11\times 7 + 10(7-x) + 12(7-y)]$ 条.

故 $6\times 7 + 8x + 9y = 11\times 7 + 10(7-x) + 12(7-y)$,化简得 $y = 9 - \frac{6}{7}x$.

令 $u = 6\times 7 + 8x + 9y = 123 + \frac{2}{7}x$,$0 \leqslant x \leqslant 7$.

显然 x 越大,u 越大,所以当 $x = 7$ 时,u 取到最大值 125,此时 $y = 3$.

答:安排甲、丁两组 7 天都生产上衣,丙组 7 天都生产裤子,乙组 3 天生产上衣,4 天生产裤子,这样生产的套数最多,共计 125 套.

例 2-2-11 如图 2-2-1,在航线 l 的两侧分别有观测点 A 和 B,点 A 到航线 l 的距离为 2 千米,点 B 位于点 A 北偏东 $60°$方向且与点 A 相距 10 千米处,E 是 AB 与航线 l 的交点.现有一艘轮船从位于点 B 南偏西 $76°$方向的 C 处,正沿该航线自西向东航行,5 分钟内该轮船可以行至点 A 正北方向的点 D 处,但 10 分钟内到不了点 E.(参考数据:$\sqrt{2} \approx 1.41$,$\sqrt{3} \approx 1.73$,$\sin 76° \approx 0.97$,$\cos 76° \approx 0.24$,$\tan 76° \approx 4.01$)

(1) 求该轮船航行的速度的取值范围;(精确到 0.1 千米/时)

(2) 若两个观测点的精确观测距离都是 6 千米,那么该轮船同时在两个观测点精确观测范围内的时间是多少分钟?(精确到 0.1 分钟)

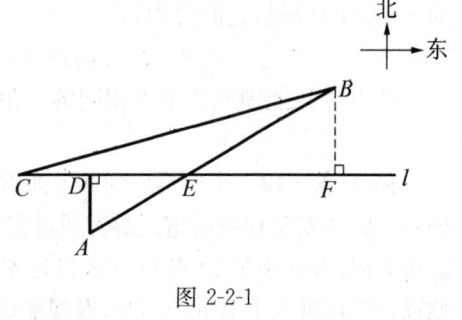

图 2-2-1

解:(1) 设该轮船航行的速度为 x 千米/时,以东西为横向距离,南北为纵向距离,AB 的纵向距离为 5 千米,横向距离为 $5\sqrt{3} \approx 8.65$ 千米,所以点 B 到航线 l 的距离为 3 千米.若设点 B 在航线 l 上的投影为 F,则 $BF = 3$ 千米,$CF = 12.03$ 千米,$DF = 8.65$ 千米,$CD = 3.38$ 千米,$DE = 2\sqrt{3} \approx 3.46$ 千米,5 分钟 $= \frac{1}{12}$ 小时,10 分钟 $= \frac{1}{6}$ 小时.

则 $\begin{cases} \dfrac{1}{12}x \geqslant 3.38, \\ \dfrac{1}{6}x < 3.38+3.46 \end{cases} \Rightarrow 40.56 \leqslant x < 41.04.$

所以该轮船航行速度范围在 40.6 千米/时到 41.0 千米/时.

(2) 分别以 A、B 为圆心作半径为 6 的圆,被航线 l 所截.

则可以算同时在两个观测点精确观测范围内的长度：

$\sqrt{6^2-2^2}+\sqrt{6^2-3^2}-8.65=4\sqrt{2}+3\sqrt{3}-8.65=2.18.$

设时长为 t 分钟,则 $x \cdot \dfrac{t}{60}=2.18, x=\dfrac{130.8}{t}, 40.56 \leqslant \dfrac{130.8}{t} < 41.04 \Rightarrow \begin{cases} t > \dfrac{130.8}{41.04}, \\ t \leqslant \dfrac{130.8}{40.56}, \end{cases}$

解得 $3.19 < t \leqslant 3.22$.

所以该轮船同时在两个观测点精确观测范围内的时间是 3.2 分钟.

例 2-2-12 现有 18 根长短相等的火柴棒,把它们首尾相连,在不折断任何火柴棒的前提下,总共能围成多少个不相同的三角形?

分析：(1) 假设每根火柴棒的长度为 1,三角形每边长都是正整数;

(2) 围成的三角形中有任意两边之和大于第三边的条件;

(3) 设两条边的长度分别是 x 和 y,则第三条边可以表示出来.

解：设两条边的长度分别是 x 和 y,则第三条边长为 $18-x-y$.由于三条边的任意性,不妨设 $x \leqslant y \leqslant 18-x-y$.

根据题意有：

$\begin{cases} x \leqslant y \leqslant 18-x-y, \\ x+y > 18-x-y. \end{cases}$

由不等式组可得 $x+y > 9, x \leqslant y \leqslant 18-x-y < 9$,即最长的边小于等于 8;再将 $x=y$ 代入,可得 $x \leqslant 6$,所以最短边小于等于 6.接下来就根据最长边、最短边的长度来确定不同的三角形的情况,它们分别是：

$8,8,2;8,7,3;8,6,4;8,5,5;7,7,4;7,6,5;6,6,6.$

所以总共能围成 7 个不相同的三角形.

例 2-2-13 小悠早晨到达上海世博园 D 区入口处等待开园,九点整开园,D 区入口处有 $10n$ 条安全检查通道让游客通过安检入园,游客每分钟按相同的人数源源不断到这里等待入园,直到中午 12 点 D 区入口处才没有排队人群,游客一到就可安检入园.9 点 20 分小悠通过安检进入上海世博园时,发现平均一个人通过安全检查通道入园耗时 20 秒.

(1) 若小悠在 9 点时排在第 2968 位,则这时 D 区入口安检通道应该有多少条?

(2) 若 9 点开园时等在 D 区入口处的人数不变：当安检通道是现有的 1.2 倍且每分钟到达 D 区入口处的游客人数不变时,从中午 11 点开始游客一到 D 区入口处就可安检入园;当每分钟到达 D 区入口处的游客人数增加了 50%,仍要求从 12 点开始游客一到 D

区入口处就可安检入园,求这时需要增加安检通道的数量.

分析：对于第(1)小题,我们需注意用20分钟除以20秒可以得到这期间有60批游客进入园区,小悠排在第2968位不能被60整除,但是每一批游客可看作同一时刻入园的,所以可以列不等式求解；对于第(2)小题,只需列方程组即可,但需注意第(1)小题中的条件第(2)小题不适用.

解：(1) $20 \times 60 \div 20 = 60$,即小悠是第60批进入园区的游客.

安检通道有$10n$条,所以$59 \times 10n < 2968 \leqslant 60 \times 10n$,即$4.95 \leqslant n < 5.03$,$n=5$,所以D区入口安检通道应该有50条；

(2) 设9点开园时等在D区入口处的人数为x,每分钟到达D区入口处的游客人数为y,增加的安检通道数量为k.

根据题意得：

$$\begin{cases} x+(11-9) \times 60y = 1.2 \times 10n \times \dfrac{1}{20} \times (11-9) \times 60 \times 60, \\ x+(12-9) \times 60y = 10n \times \dfrac{1}{20} \times (12-9) \times 60 \times 60, \\ x+(12-9) \times 60(1+0.5)y = (k+10n) \times \dfrac{1}{20} \times (12-9) \times 60 \times 60. \end{cases}$$

把n看作已知变量,由前2个式子可得$\begin{cases} x=2160n, \\ y=18n. \end{cases}$

再把结论代入第3个式子,求出$k=3n$,即需要增加$3n$条通道.

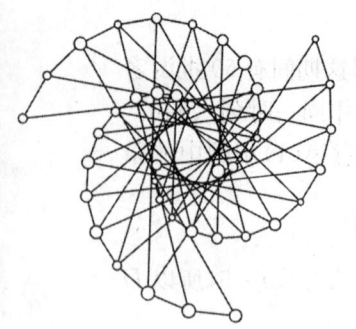

三、几何图形初步

1. 几何图形

例 3-1-1 某展览大厅平面图是类似于 8×8 的正方形棋盘,每一个小正方形代表一个展览室,每两个相邻的展室之间有门相通,入口在左上角,出口在右下角,作为小导游的你能否设计一条线路不重复不遗漏地带领小伙伴们走完所有的展室呢?如果行的话,举例说明一个路线图;如果不行的话,也请你说明理由.

答: 不行.理由:对所有的小格子黑白相间染色,使相邻的格子不同色,参观各展室的路线一定是黑白相间的,那么经过 63 次后,必定是两个不同颜色的展室,但是入口和出口是相同颜色的.

例 3-1-2 在如图 3-1-1 的棋盘上,剪下如图 3-1-2 的凸字形,共有 _____ 种剪法.

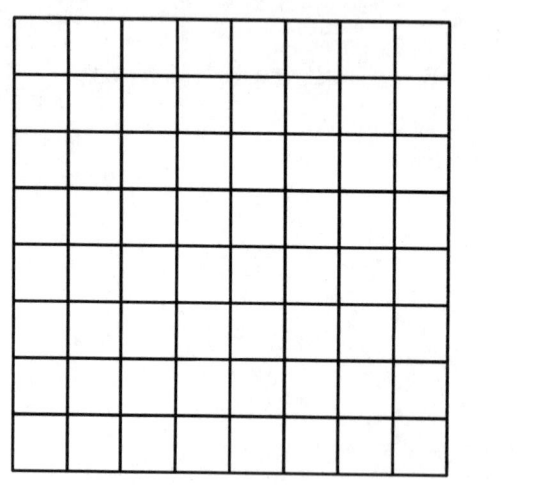

图 3-1-1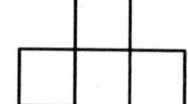

图 3-1-2

解: 我们把凸字形上面的那个小正方格称为它的头,每个凸字形只有一个头,凸字形可以分为两类:

(1) 凸字形的头在棋盘的边框,但棋盘的四个角不能充当凸字形的头,所以共有 4×6 =24 个;

(2) 凸字形的头在棋盘的内部,由于棋盘内部的每一个小方格可以做凸字形的头,又有四个方向,所以共有 $4\times(6\times6)=144$ 个;

所以,总计有 168 个.

例3-1-3 某个居民小区分成 A、B、C、D 区,由三条人工河道和一个天然湖分隔,如图 3-1-3 所示,它们由 6 座桥联结,快递员小王每天在小区送快递,有一天他突然想能不能在小区中存在一条路线,可不重复地走遍 6 座桥,请你帮助他设计一下.若不能,请说明理由.

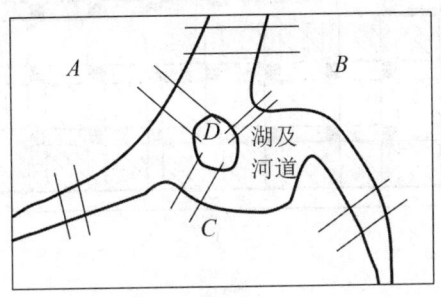

图 3-1-3

解:问题可以抽象成一笔画图问题,如图 3-1-4.根据一笔画的原则,只存在"没有奇数点"或"恰好 2 个奇数点"这两种情况的图形可以一笔画,奇数点就是联结那个点的线段只有奇数条的点,图中有 4 个奇数点,显然不重复地走遍 6 座桥是无法完成的.

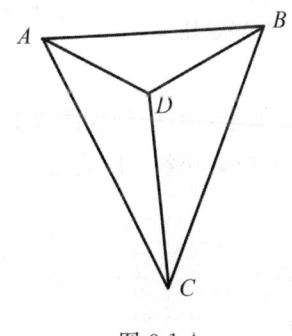

图 3-1-4

例3-1-4 某商厦一楼营业大厅装修地面,所用的三种花岗岩板料规格如图 3-1-5,图中数据单位为 m.现要设计一种地面装修方案,要求各种规格的板料按一定的规律排列,且相同的板料不相邻.已知大厅地面是一个 $15m\times20m$ 的长方形,画出装修图案,并计算出各种板料分别要多少块?(不计施工中的损坏)

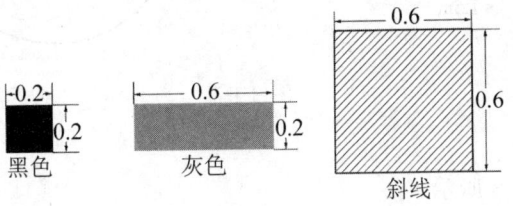

图 3-1-5

解： 答案不唯一，如图 3-1-6 所示是一种符合要求的装修图案．

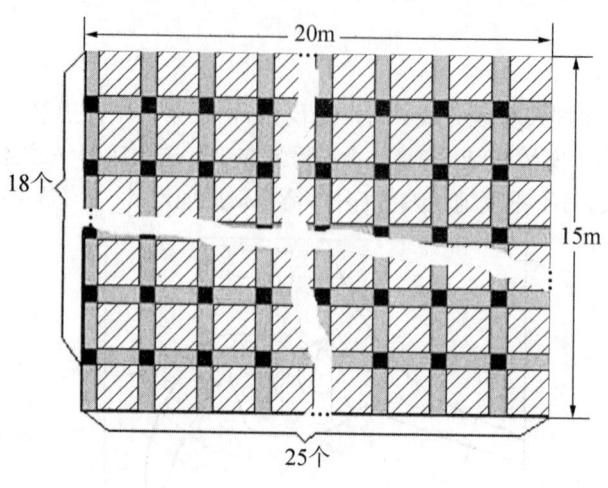

图 3-1-6

∵ $20=(0.2+0.6)\times 25$，$15=(0.6+0.2)\times 18+0.6$，$25\times 18=450$，

∴ 大厅地面共有 450 个 $[(0.6+0.2)\times(0.2+0.6)]m^2$ 的正方形和 25 个 $[(0.2+0.6)\times 0.6]m^2$ 的长方形．每个正方形中有 1 块黑色石板、1 块斜线石板和 2 块灰色石板，每个长方形中有 1 块斜线石板和 1 块灰色石板，于是共需黑色石板 450 块，斜线石板 $450+25=475$ 块，灰色石板 $450\times 2+25=925$ 块．

例 3-1-5 木工厂王师傅在做家具时遇到如图 3-1-7 所示的两块不规则木板（圆弧的半径都相同）．现需要将这两块木板锯开各自胶合成一个正方形，要求锯缝是直线，并且锯线尽量少．

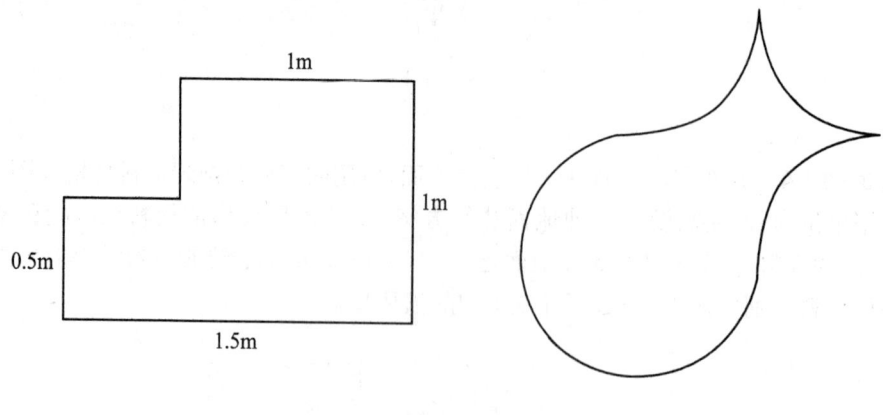

图 3-1-7

解： 锯法如图 3-1-8 所示．

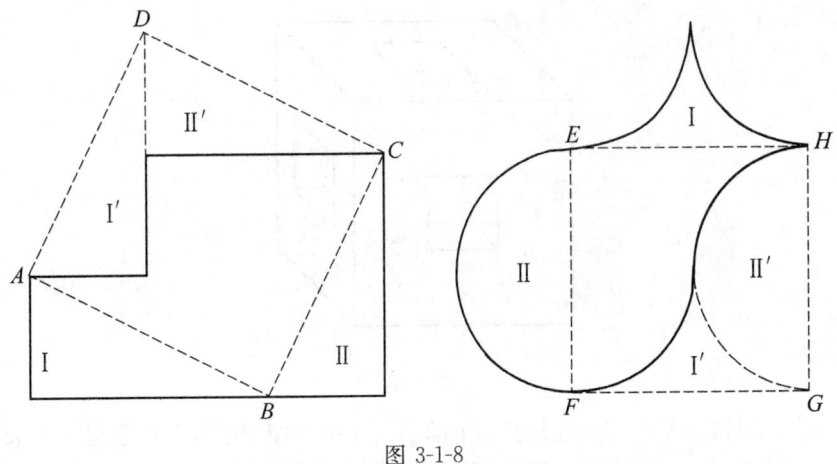

图 3-1-8

例 3-1-6

(1) 棱长为 1 的正方体,摆放成如图 3-1-9 所示的形状.如果这一物体摆放三层,则该物体的表面积是_____;

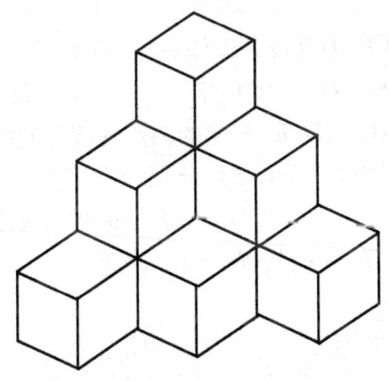

图 3-1-9

(2) 在上题中,依图中摆放方法类推,如果该物体摆放了上下 k 层(k 是某一个非零自然数),则该物体的表面积是_____.

解:(1) 由题中图示,从上、下、左、右、前、后等六个方向直视的平面图相同,每个方向上均有 6 个等面积的小正方形.
$$6 \times 6 = 36.$$

(2) $6 \times (1 + 2 + 3 + \cdots + k) = 3(k+1)k.$

例 3-1-7 一个木头立方体的棱长都是 3m.(1)从每一个面的中间割出一个棱长为 1m 的立方体后,则它的整个表面积是多少呢?(2)从每一个面的中间割出一个边长是 1m 的正方形洞直至它的对面,洞的边分别平行于立方体的棱,那么它的整个表面积是多少呢?

解:(1) 原立方体的表面积是 $3^2 \times 6 = 54(m^3)$,现在每一个面割出一个棱长为 1m 的

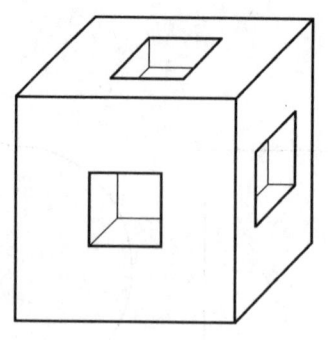

图 3-1-10

正方体后,原正方体的每一个表面少了一个面积为 1m² 的正方形,但对于每一个表面而言,都多了五个面积为 1m² 的正方形,所以新的木头的表面积是 54+(5-1)×6=78(m³).

结合(1)的思想你能不能试试计算(2)的表面积呢?

2. 关于图形的一些计数问题

例 3-2-1 图 3-2-1 中 P 为直线 AF 外一点,点 B、C、D、E 都在线段 AF 上,把 P 和 A、B、C、D、E、F 分别联结起来,一共可得＿＿＿＿个三角形.

答:在直线 AF 上以 A、B、C、D、E、F 中的两点为端点的线段共有 15 条,把其中每一条线段的两个端点分别与点 P 联结,就可以得到一个三角形,且每一个三角形都有一边是这些线段中的一条.由于这种线段共有 15 条,所以共有 15 个三角形.

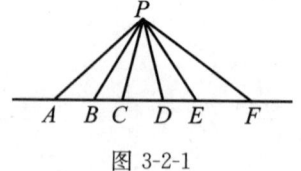

图 3-2-1

例 3-2-2 图 3-2-2 中共有＿＿＿＿个三角形.

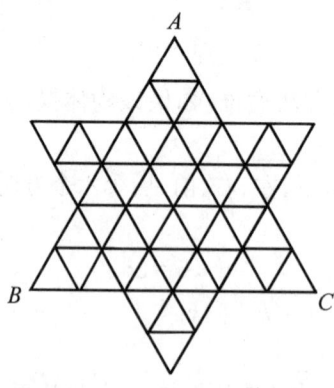

图 3-2-2

答:显然这些三角形可分为尖向上与尖向下两大类,两类三角形的个数相等.尖向上的三角形又可分为 6 类:最大的三角形 1 个(即△ABC),

第二大的三角形有 1+2=3(个),

第三大的三角形有 $1+2+3=6$(个)，
第四大的三角形有 $1+2+3+4=10$(个)，
第五大的三角形有 $1+2+3+4+5=15$(个)，
最小的三角形有 $1+2+3+4+5+6+3=24$(个).
于是尖向上的三角形共 $1+3+6+10+15+24=59$(个).
图中共有三角形 $59\times 2=118$(个).

例 3-2-3 图 3-2-3 中线段 AF 上依次有 B、C、D、E 四点，图中以 A、B、C、D、E、F 中任两点为端点的线段有多少条？

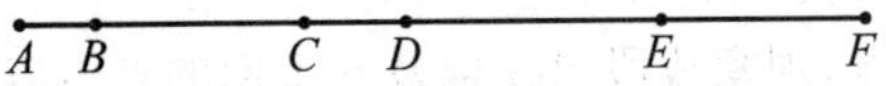

图 3-2-3

解：为避免重复或遗漏，我们从左到右计算线段的条数.
以 A 为左端点的线段有 AB、AC、AD、AE、AF，共 5 条；
以 B 为左端点的线段有 BC、BD、BE、BF，共 4 条；
以 C 为左端点的线段有 CD、CE、CF，共 3 条；
以 D 为左端点的线段有 DE、DF，共 2 条；
以 E 为左端点的线段有 EF，共 1 条.
∴ 共有 $5+4+3+2+1=15$(条).
下面我们把这个问题推广到较一般的情况：
在线段 A_1A_n 上有 $n-2$ 个点 $A_2,A_3,\cdots,A_{n-1}$，那么以 $A_1,A_2,A_3,\cdots,A_{n-1},A_n$ 中的任两点为端点的线段共有

$$1+2+3+\cdots+(n-1)=\frac{n(n-1)}{2}(条).$$

如果我们把问题不局限于某线段上的若干点，那么这类问题还有更一般的提法.
在 n 个物体中，任意取出两个，那么共有 $\frac{n(n-1)}{2}$ 种不同的取法.

例如：有 n 个人，每两个人都握一次手，那么他们共握 $\frac{n(n-1)}{2}$ 次手；在平面上有 n 个点，若其中任何三点都不在一直线上，那么过其中的任何两点作一条直线，一共可作 $\frac{n(n-1)}{2}$ 条直线.请读者们思考一下，若是射线的话，共有多少条呢？

例 3-2-4 图 3-2-4 中有两条直线 a、b，直线 a 上有点 A、B、C、D，直线 b 上有点 E、F、G.联结这 7 个点，共能形成多少个凸四边形呢？

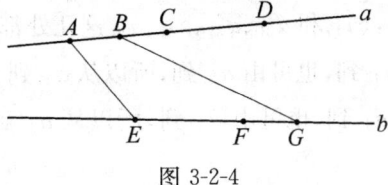

图 3-2-4

解：四边形共有 4 个顶点，显然这 4 个顶点分别来自于直线 a 与直线 b，每条直线各取两个点；即分别在直线 a、b 上各取一条线段，如 AB、EG，则 AB、EG 就可以构成一个凸四边形.

(1) 根据题意可知：直线 a 上共有 6 条线段，直线 b 上共有 3 条线段；

(2) 易知如上述 AB、EG 一对线段，共有 $6 \times 3 = 18$ 对.

所以四边形共有 18 个.

例 3-2-5 图 3-2-5 中有多少个不同的三角形？

解：这些三角形可以分为以下两类.

第一类：以点 B 为顶点，观察线段 AG 以及它上面的点可以组成的线段的条数为 10 条（AD、AE、AF、AG、DE、DF、DG、EF、EG、FG），可以构成 10 个三角形（$\triangle BAD$、$\triangle BAE$ 等）；

同理观察线段 AL，也可以构成 10 个三角形（$\triangle BAH$、$\triangle BAJ$ 等）；观察线段 AC，也可以构成 10 个三角形（$\triangle BAM$、$\triangle BAN$ 等），所以合计 30 个.

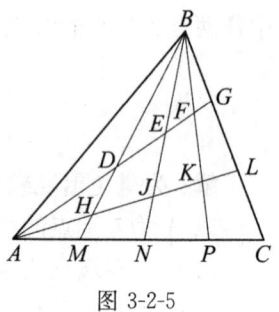

图 3-2-5

第二类：以点 A 为顶点，同上观察线段 MB，发现有些在第一类已经计算过了，所以这里只要看 MD 即可，则共有 3 个（$\triangle AMH$、$\triangle AMD$、$\triangle AHD$）；依次类推，线段 NE、线段 PF、线段 CG 各有 3 个，合计 12 个.

所以，在此图中共有 42 个不同的三角形.

例 3-2-6 某城市的一部分街道图如图 3-2-6，纵横各有 5 条路. 如果从 A 处走到 B 处（只能由北到南，从西向东），那么有多少种不同的走法？

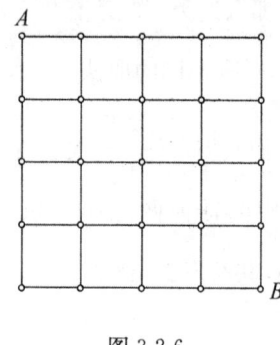

图 3-2-6

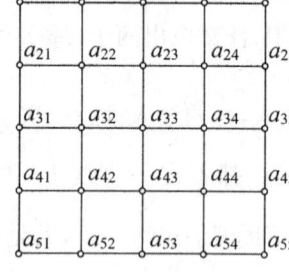

图 3-2-7

解：为了叙述方便起见，我们将各交叉路口按图 3-2-7 的方式填上字母.

从 a_{11} 出发到 a_{12}、a_{13}、a_{14}、a_{15} 和 a_{21}、a_{31}、a_{41}、a_{51} 这几处都只有一种走法，所以可以在这几处都填上 1，a_{22} 处可由 a_{12} 到，也可由 a_{21} 到，所以从 a_{11} 到 a_{22} 有两种不同的走法，于是可以在 a_{22} 处填上 2. a_{23} 可由 a_{13} 到，也可由 a_{22} 到，所以从 a_{11} 到 a_{23} 有三种不同的走法，于是可在 a_{23} 处填上 3……

依次类推,可以得到以下规律:除最上面的一行和最左面的一列的各数都是 1 以外,其余各数都可由它上面的一数与它左面的数相加得到,利用这一规律,我们可以很快地将各交叉路口的数全部填出.由于右下角的数是 70,所以从 A 到 B(只能由北到南,从西向东)共有 70 种不同走法.

3. 线 与 角

例 3-3-1 图 3-3-1 是某风景区的旅游路线示意图,其中 B、C、D 为风景点,E 为两条路的交叉点,图中数据为相应两点间的路程(单位:千米).一学生从 A 出发,以 2 千米/时的速度步行游览,每个景点的逗留时间均为 0.5 小时.

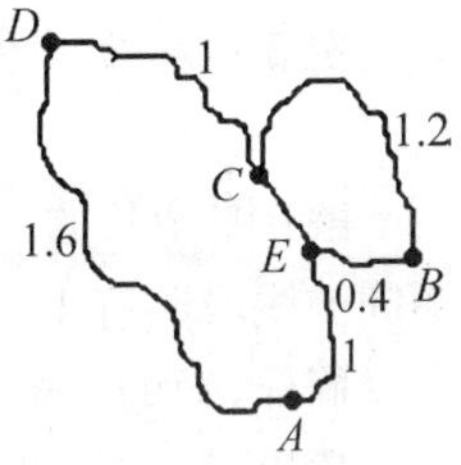

(1) 当他沿着路线 A-D-C-E-A 游览回到 A 处时,共用了 3 小时,求 CE 的长.

(2) 若此学生打算从 A 处出发后,步行速度与在景点逗留的时间保持不变,且在最短的时间内看完三个景点返回到 A 处,请你为他设计一条步行路线,并说明设计理由.

图 3-3-1

解: (1) 设 CE 长为 x 千米,则 $1.6+1+x+1=2\times(3-2\times0.5)$,解得 $x=0.4$. 所以,CE 的长为 0.4 千米.

(2) 若步行路线为 A-D-C-B-E-A(或 A-E-B-C-D-A),则所用时间为:

$$\frac{1}{2}\times(1.6+1+1.2+0.4+1)+3\times0.5=4.1(时).$$

若步行路线为 A-D-C-E-B-E-A(或 A-E-B-E-C-D-A),则所用时间为:

$$\frac{1}{2}\times(1.6+1+0.4+0.4\times2+1)+3\times0.5=3.9(时).$$

所以,最短步行路线为 A-D-C-E-B-E-A(或 A-E-B-E-C-D-A).

例 3-3-2 请在图上画出 B 点在正方形 ABCD 沿直线 L 翻滚一周所走的路径.(就如方形箱子在地面上翻滚一样.注意:箱子与地面没有滑动.)

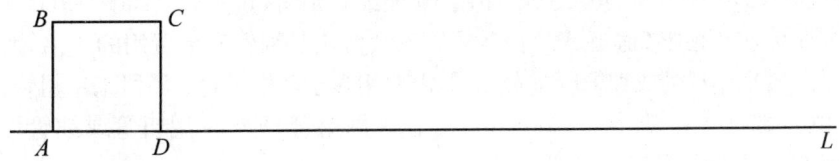

图 3-3-2

解：

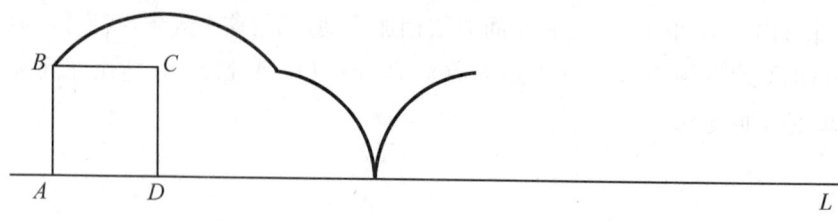

图 3-3-3

例 3-3-3 图 3-3-4 中一共有_____个长方形，所有这些长方形的周长的和是_____.

解：图中长的一边有 5 个分点（包括端点），所以，长的一边上不同的线段共有 $1+2+3+4=10$（条）.

同样，短的一边上不同的线段也有 10 条.

所以，共有长方形 $10\times 10=100$（个）.

因为长的一边上的 10 条线段长分别为 $5,17,25,26,12,20,21,8,9,1$，

短的一边上的 10 条线段长分别为 $2,6,13,16,4,11,14,7,10,3$.

所以，所有长方形周长和为

$$[(5+17+\cdots+1)+(2+6+\cdots+3)]\times 20=4600.$$

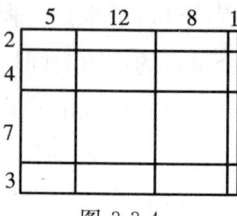

图 3-3-4

例 3-3-4 从县城 O 出发的一条直线公路两旁共有十个村需要安装自来水（水从县城引出），县城与 A 村的距离为 30 千米，其余各村之间的距离如图 3-3-5 所示．现有粗细两种水管可以选用，粗管足够供给所有各村用水，细管只能供一个村用水．安装费用，粗管每千米 8000 元，细管每千米 2000 元．把粗管和细管适当搭配，互相连接，可以降低工程总费用．请你设计一种最节省的安装方案，并求出所需总费用.

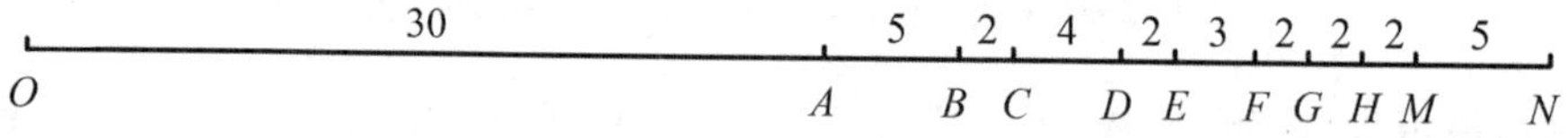

```
|——————30——————|    5  2  4  2 3 2 2 2  5
O                A  B  C  D E F G H M    N
```

图 3-3-5

分析：因为粗管可以供足够的水，全部用粗管当然可以达到供水目的，但花费过多，如果全部用细管，从县城至每村都要分别装 1 根，共需 10 根，显然不是最节省的方案，例 OA 段用粗管耗资 $(30\times 8000=)240000$ 元，而用 10 根细管则需 $(10\times 30\times 2000=)600000$ 元，费用高得多，所以必须粗细管适当搭配．由于粗管安装费用是细管安装费用的 4 倍，因此，需用 4 根细管的路段采用粗管或细管所花费相同，需要用多于 4 根细管的路段采用粗管较合算．

解：由县城 $O-A-B-C-D-E-F$ 宜采用粗管，$F-G$ 用粗管或细管均可，$G-H$，$G-M$，$G-N$ 分别安装一根细管.

总费用是 $S=(30+5+2+4+2+3)\times 8000+2\times 8000+2\times 2000+(2+2)\times 2000+(2+2+5)\times 2000=414000$（元）.

例 3-3-5 如图 3-3-6 所示,正方形 ABCD 与正方形 AEFG 边长分别为 a、b,且有公共顶点 A,联结 DG、BE,比较 △ADG 与 △ABE 的面积的大小.

解:两者一样大.

理由:如图 3-3-7,∠DAB 和 ∠GAE 都是直角,则 ∠DAG + ∠BAE = 180°. 构造:∠DAH = ∠BAE 且 $AH = AE$,则可知 △ABE ≌ △ADH,点 A、H、G 在同一直线,而 △ADG 与 △ADH 的面积相等(等底同高),故 △ADG 与 △AEB 的面积相等.

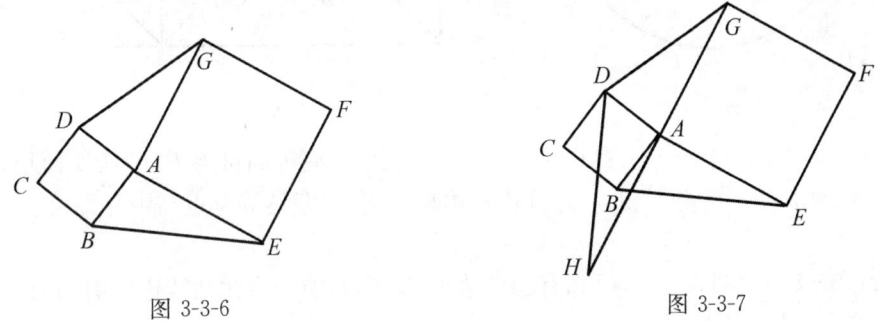

图 3-3-6　　　　　　图 3-3-7

例 3-3-6 如图 3-3-8,A、B 两村之间有两条平行的河,一河宽为 a,另一河宽为 b,现欲在两条河上各造一座桥(桥必须与河岸垂直),使得 A、B 两村之间路程最短,试找出造桥的位置.

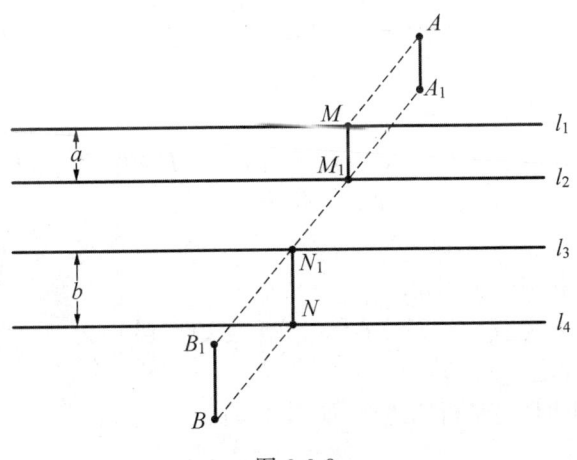

图 3-3-8

解:过点 A 作 $AA_1 \perp l_1$,并使 $AA_1 = a$,过点 B 作 $BB_1 \perp l_4$,并使 $BB_1 = b$. 联结 A_1B_1 交 l_2 于点 M_1,交 l_3 于点 N_1,则 M_1、N_1 就是使 A、B 之间路程最短的造桥地点.

例 3-3-7 (1) 请将一个圆形的大饼等分成六份给六个小学生;

(2) 请将一个正方形的匹萨等分成六份给六个小学生;要求每份都相对公平(平均的包含中心和边界区域),而且你的分法最好也适用推广到七份、八份、九份、十份、…、n 份等,甚至于也可以把正方形推广到正 n 边形,请简单说明理由.

解:(1) 如图 3-3-9,六等分圆心角;

(2) 如图 3-3-10,六等分周长,联结中心与等分点即可.

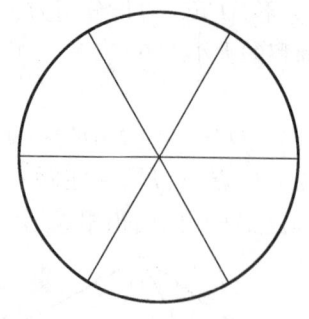
图 3-3-9

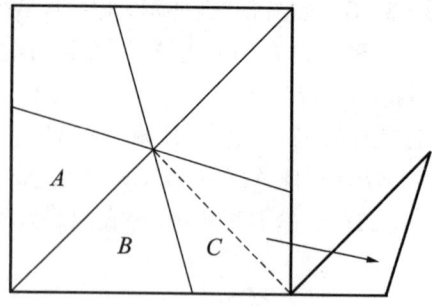
图 3-3-10

显而易见 A、B 完全相同.将 C 分割成两块,利用等底等高可得 B、C 两块面积相等.推广到正 n 边形等分 k 份:k 等分正 n 边形的周长,联结等分点与中心即可.

例 3-3-8 如图 3-3-11,已知有凸四边形 $ABCD$,能否将此凸四边形剪两刀,分割成四块,拼成一个平行四边形?

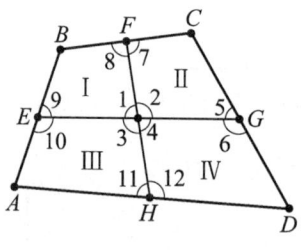
图 3-3-11

解: 取凸四边形各边中点 E、F、G、H,联结 EG、FH,沿 EG 和 FH 把四边形 $ABCD$ 剪成四小块,这四小块可以拼成一个平行四边形.

∵ $\angle A + \angle B + \angle C + \angle D = 360°$,

∴ 这四个角可拼成一个周角.

又 $\angle 5 + \angle 6 = 180°$,$\angle 7 + \angle 8 = 180°$,$\angle 9 + \angle 10 = 180°$,$\angle 11 + \angle 12 = 180°$,$\angle 1 = \angle 4$,$\angle 2 = \angle 3$,

∴ 拼成后的四边形是平行四边形,如图 3-3-12.

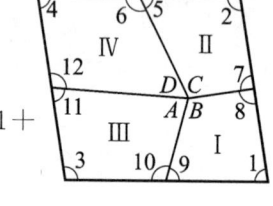
图 3-3-12

例 3-3-9 某届奥运会安全演习中,获得情报在场馆 A、场馆 B、场馆 C 构成的 $\triangle ABC$ 区域内部有爆炸物,现需出动安全特警部队排爆,设计方案如下:在 $\triangle ABC$ 内设定 100 个点,以顶点 A、B、C 和这 100 个点为顶点能把 $\triangle ABC$ 分割成若干个小三角形,每个小三角形派出一支小分队,全部检查完毕需派出多少支小分队?

解: 设 $\triangle ABC$ 内部的 $n-1$ 个点能把原三角形分割成 a_{n-1} 个小三角形,我们考虑新增加一个点 P_n 之后的情况:

(1) 若点 P_n 在某个小三角形的内部,如图 3-3-13①,则原小三角形的三个顶点连同 P_n 将这个小三角形一分为三,即增加了两个小三角形;

(2) 若点 P_n 在某两个小三角形公共边上,如图 3-3-13②,则这两个小三角形的顶点

连同点 P_n 将这两个小三角形分别一分为二,即也增加了两个小三角形.

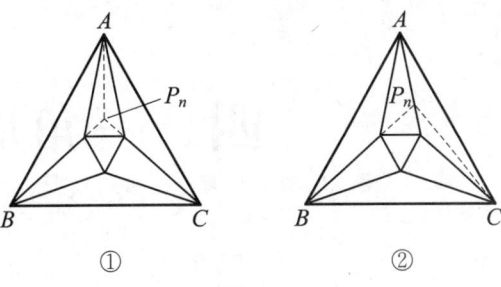

图 3-3-13

所以,△ABC 内部的 n 个点把原三角形分割成的小三角形个数为 $a_n=a_{n-1}+2$.

易知 $a_0=1$,于是 $a_1=a_0+2, a_2=a_1+2,\cdots,a_n=a_{n-1}+2$.将上面这些式子相加,得 $a_n=2n+1$.

所以,当 $n=100$ 时,三个顶点 A、B、C 和这 100 个内点能把原三角形分割成 $2\times100+1=201$ 个小三角形.

另解:△ABC 的内角和和内部 100 个点构成的角之和总共为 $100\times360°+180°$,三角形内角和是 $180°$,所以共有 $\dfrac{100\times360°+180°}{180°}=201$(个)小三角形.

例 3-3-10 如图 3-3-14 所示,⊙O 沿着凸 n 边形 $A_1A_2A_3\cdots A_{n-1}A_n$ 的外侧作无滑动的滚动(圆弧和凸边形的边相切)一周回到原来的位置.

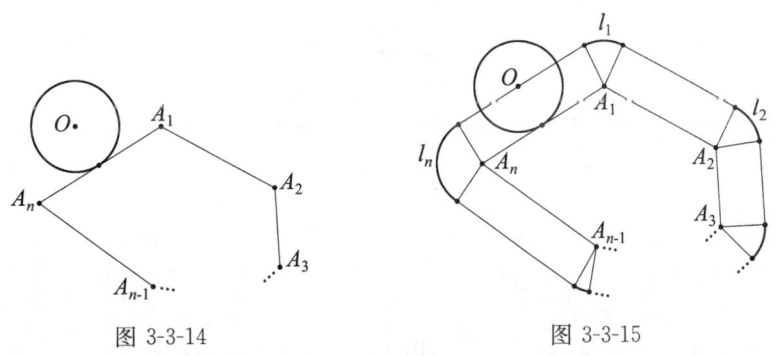

图 3-3-14　　　　　图 3-3-15

(1) 当⊙O 和凸 n 边形周长相等时,证明:⊙O 自身转动了两圈;

(2) 当⊙O 的周长是 a,凸 n 边形的周长是 b 时,请写出此时⊙O 自身转动的圈数.

分析:⊙O 沿凸 n 边形所经过的路径如图 3-3-15.

由图可知,⊙O 的圆心沿凸 n 边形所经过的路径是凸 n 边形的周长加上⊙O 在凸 n 边形的顶点所经过的弧线长,容易证明,所有的弧线长刚好等于圆周长.

解:(1) 由于圆自身所转的圈数应该是⊙O 的圆心所经过的路径除以圆自身的周长,故当⊙O 和凸 n 边形周长相等时,⊙O 自身转动了两圈.

(2) 当⊙O 的周长是 a,凸 n 边形的周长是 b 时,⊙O 自身转动了 $\dfrac{a+b}{a}$ 圈.

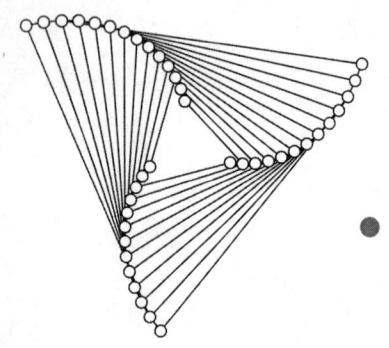

四、三角形与四边形

1. 三 角 形

例 4-1-1 在绿茵场上,足球队员带球进攻,为什么总是尽力向球门 AB 冲?

解:如图 4-1-1,设球员接球时位于点 C,他尽力向球门冲近到点 D,此时不仅距离球门近了,射门更为有力,而且对球门 AB 的张角也扩大了,球更容易射中.

证明:延长 CD 到点 E,则

$\left.\begin{array}{l}\angle ADE > \angle ACE, \\ \angle BDE > \angle BCE\end{array}\right\} \Rightarrow \angle ADE + \angle BDE > \angle ACE + \angle BCE,$

即 $\angle ADB > \angle ACB$.

这样,更容易射门得分.

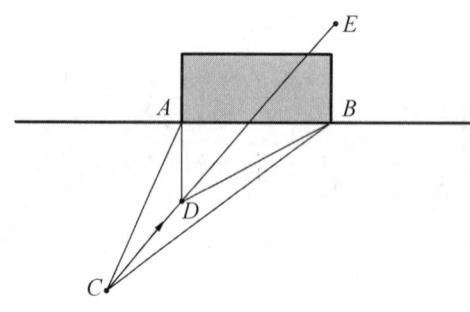

图 4-1-1

例 4-1-2 某中学师生在工厂学工劳动,看到工人师傅在材料的边角处画直角时,有时用"三弧法".方法是:(1)作线段 AB,以 A、B 为圆心,AB 长为半径画弧相交于点 C;(2)以 C 为圆心,仍然以 AB 长为半径画弧,交 AC 的延长线于点 D;(3)联结 DB,则 $\angle ABD$ 就是直角.请说明工人师傅操作的原由.

解:由作法知 $AC = BC = CD$,∴ $\angle A = \angle CBA$,$\angle D = \angle CBD$.
而 $\angle A + \angle D + \angle ABD = 180°$,
∴ $\angle ABD = \angle CBA + \angle CBD = 180° \div 2 = 90°$.

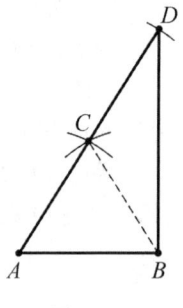

图 4-1-2

例 4-1-3 图 4-1-3 是一组有规律的图案,第 1 个图案由 4 个▲组成,第 2 个图案由 7 个▲组成,第 3 个图案由 10 个▲组成,第 4 个图案由 13 个▲组成……则第 100 个图案由_____个▲组成.

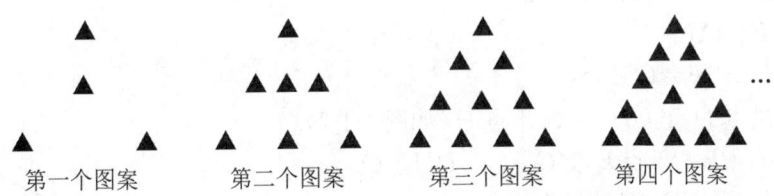

图 4-1-3

分析:仔细观察图形,结合三角形每条边上的三角形的个数与图形的序列数之间的关系发现图形的变化规律,利用发现的规律求解即可.

解:观察发现:

第一个图形有 $3×2-3+1=4$ 个三角形;

第二个图形有 $3×3-3+1=7$ 个三角形;

第三个图形有 $3×4-3+1=10$ 个三角形;

…

第 n 个图形有 $3(n+1)-3+1=3n+1$ 个三角形;

故第 100 个图形有 $3×100+1=301$ 个三角形.

例 4-1-4 在△ABC 中,$AB=AC$,$CG⊥BA$ 交 BA 的延长线于点 G.一等腰直角三角尺按如图 4-1-4 所示的位置摆放,该三角尺的直角顶点为 F,一条直角边与 AC 边在一条直线上,另一条直角边恰好经过点 B.

(1) 在图 4-1-4 中请你通过观察、测量 BF 与 CG 的长度,猜想并写出 BF 与 CG 满足的数量关系,然后证明你的猜想;

(2) 当三角尺沿 AC 方向平移到图 4-1-5 所示的位置时,一条直角边仍与 AC 边在同一直线上,另一条直角边交 BC 边于点 D,过点 D 作 $DE⊥BA$ 于点 E.此时请你通过观察、测量 DE、DF 与 CG 的长度,猜想并写出 $DE+DF$ 与 CG 之间满足的数量关系,然后证明你的猜想;

(3) 当三角尺在(2)的基础上沿 AC 方向继续平移到图 4-1-6 所示的位置(点 F 在线段 AC 上,且点 F 与点 C 不重合)时,(2)中的猜想是否仍然成立?(不用说明理由)

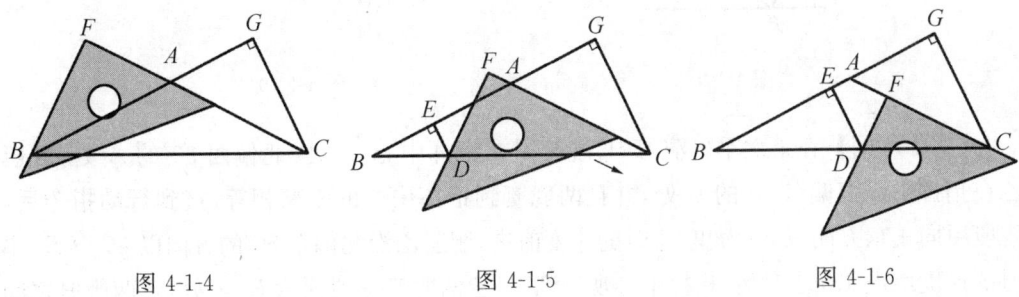

图 4-1-4　　　　图 4-1-5　　　　图 4-1-6

解：(1) $BF=CG$.

证明：在 $\triangle ABF$ 和 $\triangle ACG$ 中，

∵ $\angle F=\angle G=90°, \angle FAB=\angle GAC, AB=AC$，

∴ $\triangle ABF \cong \triangle ACG$ (A.A.S)，

∴ $BF=CG$.

(2) $DE+DF=CG$.

证明：过点 D 作 $DH \perp CG$ 于点 H（如图 4-1-7）.

∵ $DE \perp BA$ 于点 $E, \angle G=90°, DH \perp CG$，

∴ 四边形 $EDHG$ 为矩形，

∴ $DE=HG, DH \parallel BG$.

∴ $\angle GBC=\angle HDC$.

∵ $AB=AC$，∴ $\angle FCD=\angle GBC=\angle HDC$.

又 ∵ $\angle F=\angle DHC=90°, CD=DC$，

∴ $\triangle FDC \cong \triangle HCD$ (A.A.S)，∴ $DF=CH$.

∴ $GH+CH=DE+DF=CG$，即 $DE+DF=CG$.

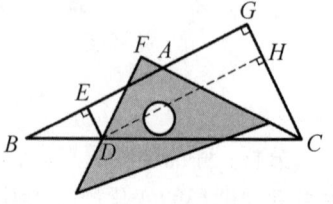

图 4-1-7

(3) 仍然成立.

例 4-1-5 【问题背景】在四边形 $ABCD$ 中，$AB=AD$，$\angle BAD=120°, \angle B=\angle ADC=90°$. E、F 分别是 BC、CD 上的点. 且 $\angle EAF=60°$. 探究图中线段 BE、EF、FD 之间的数量关系.

小王同学探究此问题的方法是：延长 FD 到点 G，使 $DG=BE$，联结 AG，先证明 $\triangle ABE \cong \triangle ADG$，再证明 $\triangle AEF \cong \triangle AGF$，可得出结论，他的结论应是 _____.

【探索延伸】如图 4-1-9，若在四边形 $ABCD$ 中，$AB=AD$，$\angle B+\angle D=180°$. E、F 分别是 BC、CD 上的点，且 $\angle EAF=\dfrac{1}{2}\angle BAD$，上述结论是否仍然成立，并说明理由.

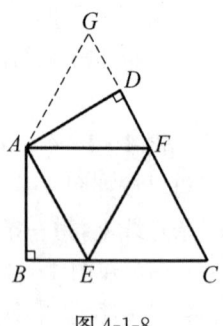

图 4-1-8

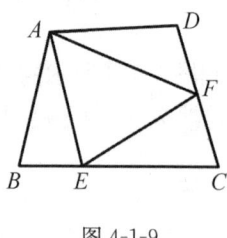

图 4-1-9

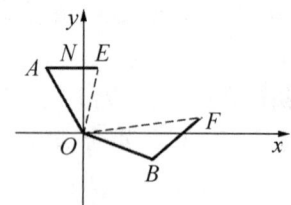

图 4-1-10

【实际应用】在某次军事演习中，舰艇甲在指挥中心（O 处）北偏西 $30°$ 的 A 处，舰艇乙在指挥中心南偏东 $70°$ 的 B 处，并且两舰艇到指挥中心的距离相等，接到行动指令后，舰艇甲向正东方向以 60 海里/小时的速度前进，舰艇乙沿北偏东 $50°$ 的方向以 80 海里/小时的速度前进. 1.5 小时后，指挥中心观测到甲、乙两舰艇分别到达 E、F 处，且两舰艇之间

的夹角为 70°,试求此时两舰艇之间的距离.

解:【问题背景】$EF=BE+DF$.

【探索延伸】$EF=BE+DF$ 仍然成立.

证明如下:

如图 4-1-11,延长 FD 到点 G,使 $DG=BE$,联结 AG.

∵ $\angle B+\angle ADC=180°,\angle ADC+\angle ADG=180°$,

∴ $\angle B=\angle ADG$.

在 △ABE 和 △ADG 中,

$$\begin{cases} DG=BE, \\ \angle B=\angle ADG, \\ AB=AD, \end{cases}$$

∴ △$ABE \cong$ △ADG(S.A.S),

∴ $AE=AG,\angle BAE=\angle DAG$.

∵ $\angle EAF=\dfrac{1}{2}\angle BAD$,

∴ $\angle GAF=\angle DAG+\angle DAF=\angle BAE+\angle DAF=\angle BAD-\angle EAF=\angle EAF$,

∴ $\angle EAF=\angle GAF$.

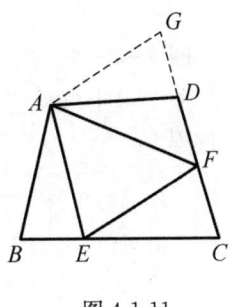

图 4-1-11

在 △AEF 和 △GAF 中,

$$\begin{cases} AE=AG, \\ \angle EAF=\angle GAF, \\ AF=AF, \end{cases}$$

∴ △$AEF \cong$ △AGF(S.A.S),

∴ $EF=FG$.

∵ $FG=DG+DF=BE+DF$,

∴ $EF=BE+DF$.

【实际应用】

如图 4-1-12,联结 EF,延长 AE、BF 相交于点 C.

∵ $\angle AOB=30°+90°+(90°-70°)=140°$,

$\angle EOF=70°$,

∴ $\angle EOF=\dfrac{1}{2}\angle AOB$.

又 ∵ $OA=OB$,

$\angle OAC+\angle OBC=(90°-30°)+(70°+50°)=180°$,

∴ 符合探索延伸中的条件,

∴ 结论 $EF=AE+BF$ 成立,

即 $EF=1.5\times(60+80)=210$(海里).

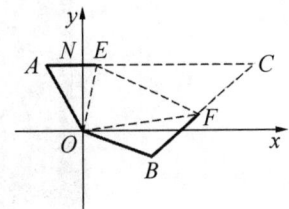

图 4-1-12

答:此时两舰艇之间的距离是 210 海里.

2. 直角三角形

例 4-2-1 在△ABC 中，$AB=15$，$BC=14$，$AC=13$，求△ABC 的面积.

某学习小组经过合作交流，给出了下面的解题思路，请你按照他们的解题思路完成解答过程.

| 作 $AD \perp BC$ 于点 D，设 $BD=x$，用含 x 的代数式表示 CD. | → | 根据勾股定理，利用 AD 作为"桥梁"，建立方程模型求出 x. | → | 利用勾股定理求出 AD 的长，再计算出三角形面积. |

解：如图 4-2-1，在△ABC 中，$AB=15$，$BC=14$，$AC=13$.

设 $BD=x$，则 $CD=14-x$，由勾股定理得：$AD^2=AB^2-BD^2=15^2-x^2$，$AD^2=AC^2-CD^2=13^2-(14-x)^2$，故 $15^2-x^2=13^2-(14-x)^2$，解得 $x=9$.

∴ $AD=12$.

∴ $S_{\triangle ABC}=\frac{1}{2}BC \cdot AD=\frac{1}{2} \times 14 \times 12=84$.

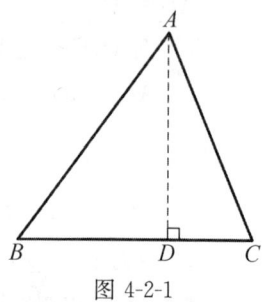

图 4-2-1

例 4-2-2 图 4-2-2 是一扇半开着的办公室门的照片，门框镶嵌在墙体中间，门是向室内开的. 图 4-2-3 画的是它的一个横断面，虚线表示门完全关好和开到最大限度（由于受到墙角的阻碍，再也开不动了）时的两种情形，这时两者的夹角为 120°，从室内看门框露在外面部分的宽为 4cm，求室内露出的墙的厚度 a 的值.（假设该门无论开到什么角度，门和门框之间基本都是无缝的. 精确到 0.1cm，$\sqrt{3}=1.73$）

图 4-2-2

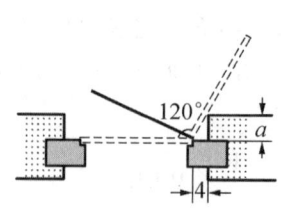

图 4-2-3

解：从图中可以看出，在室内厚为 a cm 的墙面、宽为 4cm 的门框及开成 120° 的门之间构成了一个直角三角形，且其中有一个角为 60°.

从而 $a=4 \times \sqrt{3} \approx 6.9$(cm).

即室内露出的墙的厚度约为 6.9cm.

例 4-2-3 图 4-2-4 是一辆小汽车与墙平行停放的平面示意图,汽车靠墙一侧 OB 与墙 MN 平行且距离为 0.8 米,一辆小汽车车门宽 AO 为 1.2 米,当车门打开角度 $\angle AOB$ 为 40°时,车门是否会碰到墙?_____(填"是"或"否");请简述你的理由_____.

(参考数据:$\sin 40°\approx 0.64$,$\cos 40°\approx 0.77$,$\tan 40°\approx 0.84$)

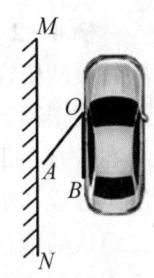

图 4-2-4

解:否.

求出点 A 与直线 OB 的距离 $d\approx 1.2\times 0.64=0.768<0.8$,所以车门不会碰到墙.

例 4-2-4 随着高铁迅速崛起,大大缩短了时空距离,改变了人们的出行方式.如图 4-2-5,已知 A、B 两地被大山阻隔,由 A 地到 B 地需要绕行 C 地.若打通穿山隧道,建成 A、B 两地的直达高铁,可以缩短从 A 地到 B 地的路程.已知 $\angle CAB=30°$,$\angle CBA=45°$,$AC=640$ 公里,隧道打通后与打通前相比,从 A 地到 B 地的路程将缩短约多少公里?(参考数据:$\sqrt{3}\approx 1.7$,$\sqrt{2}\approx 1.4$)

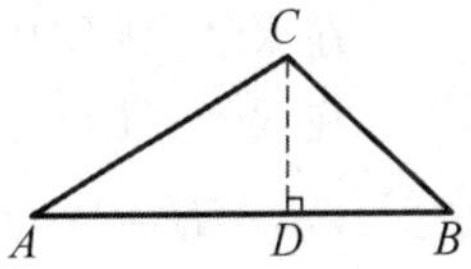

解:过点 C 作 $CD\perp AB$ 于点 D.

在 Rt△ADC 和 Rt△BCD 中,

∵ $\angle CAB=30°$,$\angle CBA=45°$,$AC=640$,

∴ $CD=320$,$AD=320\sqrt{3}$,

∴ $BD=CD=320$,$BC=320\sqrt{2}$,

∴ $AC+BC=640+320\sqrt{2}\approx 1088$,

$AB=AD+BD=320\sqrt{3}+320\approx 864$,

∴ $1088-864=224$(公里).

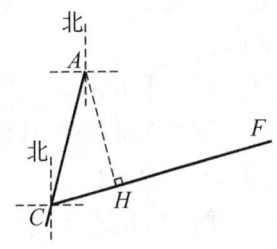

图 4-2-5

答:隧道打通后与打通前相比,从 A 地到 B 地的路程将缩短约 224 公里.

例 4-2-5 中考英语听力测试期间,需要杜绝考点周围的噪音.如图 4-2-6,点 A 是中考一个考点,在位于 A 考点南偏西 15°方向距离 125 米的 C 点处有一消防队.在听力考试期间,消防队突然接到报警电话,告知在位于 C 点北偏东 75°方向的 F 点处突发火灾,消防队必须立即赶往救火.已知消防车的警报声传播半径为 100 米,若消防车的警报声对听力测试造成影响,则消防车必须改道行驶.试问:消防车是否需要改道行驶?说明理由.($\sqrt{3}$ 取 1.732)

图 4-2-6

解:过点 A 作 $AH\perp CF$ 交 CF 于点 H.

∵ $\angle ACH=75°-15°=60°$,

∴ $AH=AC\cdot\sin 60°=125\times\dfrac{\sqrt{3}}{2}\approx 125\times\dfrac{1.732}{2}=108.25$(米).

∵ $AH>100$ 米,

∴ 不需要改道行驶.

例 4-2-6 某市普遭暴雨袭击,水位猛涨,抗洪抢险救援队伍在 B 处接到报告:有受灾群众被困于一座遭水淹的楼顶 A 处,情况危急!救援队伍在 B 处测得点 A 在点 B 的北偏东 $60°$ 的方向上(如图 4-2-7 所示),队伍决定分成两组:第一组马上下水游向 A 处救人,同时第二组从陆地往正东方向奔跑 120 米到达 C 处,再从 C 处下水游向 A 处救人.已知点 A 在点 C 的北偏东 $30°$ 的方向上,且救援人员在水中游进的速度均为 1 米/秒.在陆地上奔跑的速度为 4 米/秒,试问:哪组救援队先到 A 处?请说明理由.

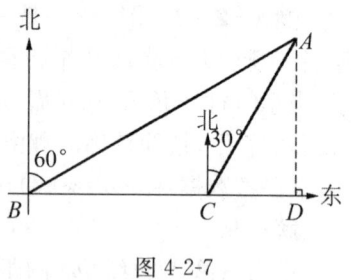

图 4-2-7

解:过点 A 作 $AD \perp BC$ 交 BC 的延长线于点 D.

∵ 点 A 在点 B 北偏东 $60°$ 方向上,∴ $\angle ABD = 30°$.

又∵ 点 A 在点 C 北偏东 $30°$ 方向上,∴ $\angle ACD = 60°$.

又∵ $\angle ABC = 30°$,∴ $\angle BAC = 30°$,∴ $\angle ABD = \angle BAC$,∴ $AC = BC$.

∵ $BC = 120$,∴ $AC = 120$.

在 Rt△ACD 中,∵ $\angle ACD = 60°$,$AC = 120$,∴ $CD = 60$,$AD = 60\sqrt{3}$.

在 Rt△ABD 中,∵ $\angle ABD = 30°$,

∴ $AB = 120\sqrt{3}$.

第一组时间:$\dfrac{120\sqrt{3}}{1} \approx 207.84$;第二组时间:$\dfrac{120}{4} + \dfrac{120}{1} = 150$.

因为 $207.84 > 150$,

所以第二组先到达 A 处.

例 4-2-7 如图 4-2-8 所示,某公路检测中心在一事故多发地段安装了一个测速仪器,检测点设在距离公路 10 米的 A 处,测得一辆汽车从 B 处行驶到 C 处所用时间为 0.9 秒,已知 $\angle B = 30°$,$\angle C = 45°$.

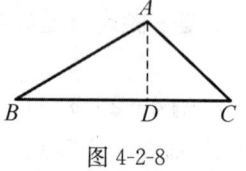

图 4-2-8

(1) 求 B、C 之间的距离(保留根号);

(2) 如果此地限速为 80 千米/时,那么这辆汽车是否超速?请说明理由.(参考数据:$\sqrt{3} \approx 1.7$,$\sqrt{2} \approx 1.4$)

解:(1) 过点 A 作 $AD \perp BC$ 于点 D,则 $AD = 10$.

在 Rt△ACD 中,

∵ $\angle C = 45°$,∴ $AD = CD = 10$.

在 Rt△ABD 中,∵ $\angle B = 30°$,∴ $\tan 30° = \dfrac{AD}{BD}$.

∴ $BD = \sqrt{3} AD = 10\sqrt{3}$.

∴ $BC = BD + DC = (10 + 10\sqrt{3})$米.

(2) 结论:这辆汽车超速.

理由:∵ $BC = 10 + 10\sqrt{3} \approx 27$(米),

∴ 汽车速度为 $\dfrac{27}{0.9}=30$(米/秒)$=108$(千米/时).

∵ 108>80,

∴ 这辆汽车超速.

例 4-2-8 如图 4-2-9,小东在教学楼距地面 9 米高的窗口 C 处,测得正前方旗杆顶部 A 点的仰角为 37°,旗杆底部 B 点的俯角为 45°,升旗时,国旗上端悬挂在距地面 2.25 米处.若国旗随国歌声冉冉升起,并在国歌播放 45 秒结束时到达旗杆顶端,则国旗应以多少米/秒的速度匀速上升?(参考数据:$\sin 37°\approx 0.60,\cos 37°\approx 0.80,\tan 37°\approx 0.75$)

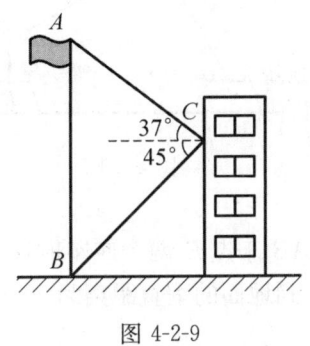

图 4-2-9

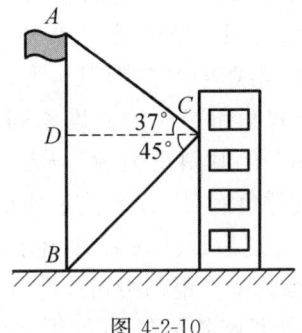

图 4-2-10

解:如图 4-2-10,作 $CD\perp AB$ 于点 D.

在 Rt△BCD 中,$BD=9$ 米,$\angle BCD=45°$,则 $BD=CD=9$ 米.

在 Rt△ACD 中,$CD=9$ 米,$\angle ACD=37°$,则 $AD=CD\cdot\tan 37°\approx 9\times 0.75=6.75$(米).

所以,$AB=AD+BD=15.75$(米).

整个过程中国旗上升的高度是 $15.75-2.25=13.5$(米).

因为耗时 45 秒,所以上升速度 $v=\dfrac{13.5}{45}=0.3$(米/秒).

答:国旗应以 0.3 米/秒的速度匀速上升.

例 4-2-9 如图 4-2-11,某校综合实践活动小组的同学欲测量公园内一棵树 DE 的高度,他们在这棵树正前方一座楼亭的台阶上 A 点处测得树顶端 D 的仰角为 30°,朝着这棵树的方向走到台阶下的点 C 处,测得树顶端 D 的仰角为 60°.已知 A 点的高度 AB 为 3m,台阶 AC 的坡度为 $1:\sqrt{3}$(即 $AB:BC=1:\sqrt{3}$),且 B、C、E 三点在同一条直线上.请根据以上条件求出树 DE 的高度(测倾器的高度忽略不计).

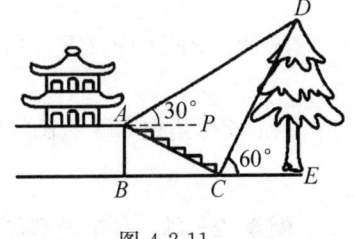

图 4-2-11

解:在 Rt△ABC 中,$\tan\angle ACB=\dfrac{AB}{BC}=\dfrac{1}{\sqrt{3}}=\dfrac{\sqrt{3}}{3}$,∴ $\angle ACB=30°$,

∴ $\angle BAC=60°,\angle PAC=30°,\angle ACD=180°-\angle ACB-\angle DCE=90°$,

∴ ∠DAC=60°.

在 Rt△ABC 中，∵ ∠ACB=30°，∴ AC=2AB=6.

在 Rt△ACD 中，DC=AC·tan∠DAC=6×tan60°=$6\sqrt{3}$.

在 Rt△CDE 中，DE=DC·sin∠DCE=$6\sqrt{3}$×sin60°=9（m）.

答：树 DE 的高为 9 m.

例4-2-10 太阳能光伏发电因其清洁、安全、便利、高效等特点，已成为世界各国普遍关注和重点发展的新兴产业. 图 4-2-12 是太阳能电池板支撑架的截面图，其中的粗线表示支撑角钢，太阳能电池板与支撑角钢 AB 的长度相同，均为 300cm，AB 的倾斜角为 30°，BE=CA=50cm，支撑角钢 CD、EF 与底座地基台面接触点分别为 D、F，CD 垂直于地面，FE⊥AB 于点 E. 两个底座地基高度相同（即点 D、F 到地面的垂直距离相同），均为 30cm，点 A 到地面的垂直距离为 50 cm，求支撑角钢 CD 和 EF 的长度各是多少（结果保留根号）.

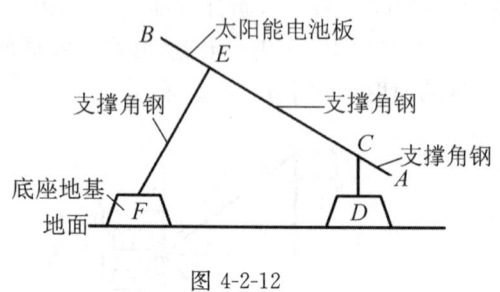

图 4-2-12

解：过点 A 作 AG⊥CD 于点 G，则 ∠CAG=30°. 在 Rt△ACG 中，CG=ACsin30°=50×$\frac{1}{2}$=25（cm）.

∵ GD=50−30=20（cm），

∴ CD=CG+GD=25+20=45（cm）.

如图 4-2-13，联结 FD 并延长与 BA 的延长线交于点 H，则 ∠H=30°.

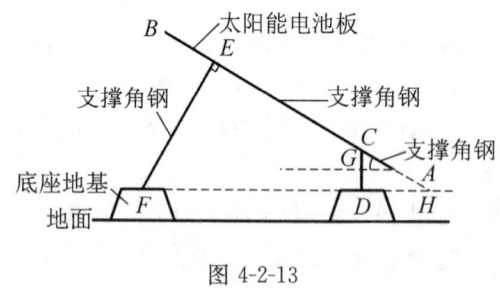

图 4-2-13

在 Rt△CDH 中，CH=$\frac{CD}{\sin 30°}$=2CD=90（cm），

∴ EH=EC+CH=AB−BE−AC+CH=300−50−50+90=290（cm）.

在 Rt△EFH 中，EF=EH·tan30°=290×$\frac{\sqrt{3}}{3}$=$\frac{290\sqrt{3}}{3}$ cm.

答：支撑角钢 CD 的长度是 45 cm，EF 的长度是 $\frac{290\sqrt{3}}{3}$ cm.

例4-2-11 某市教育局开展了大量的教育教学实践活动，图 4-2-14 是其中一次"测量旗杆高度"的活动场景抽象出的平面几何图形.

活动中测得的数据如下：

① 小明的身高 DC=1.5m；

② 小明的影长 CE=1.7m；

③ 小明的脚到旗杆底部的距离 BC=9m；

④ 旗杆的影长 $BF=7.6$ m；

⑤ 从 D 点看 A 点的仰角为 $30°$.

请选择你需要的数据，求出旗杆的高度.(计算结果保留到 0.1,参考数据：$\sqrt{2}\approx 1.414,\sqrt{3}\approx 1.732$)

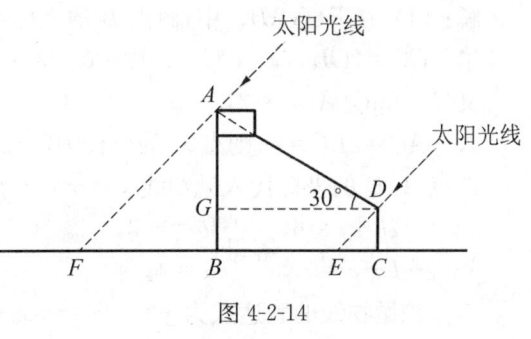

图 4-2-14

解：情况一，选用①、②、④.

∵ $AB\perp FC$，$CD\perp FC$，

∴ $\angle ABF=\angle DCE=90°$.

又∵ $AF\parallel DE$，

∴ $\angle AFB=\angle DEC$，

∴ $\triangle ABF\backsim\triangle DCE$，

∴ $\dfrac{AB}{DC}=\dfrac{FB}{CE}$.

又∵ $DC=1.5$ m，$FB=7.6$ m，$EC=1.7$ m，

∴ $AB=6.7$ m，

即旗杆高度是 6.7 m；

情况二，选①、③、⑤.

过点 D 作 $DG\perp AB$ 于点 G.

∵ $AB\perp FC$，$DC\perp FC$，

∴ 四边形 $BCDG$ 是矩形，

∴ $CD=BG=1.5$ m，$DG=BC=9$ m.

在直角 $\triangle AGD$ 中，$\angle ADG=30°$，

∴ $\tan 30°=\dfrac{AG}{DG}$，

∴ $AG=3\sqrt{3}$.

又∵ $AB=AG+GB$，

∴ $AB=3\sqrt{3}+1.5\approx 6.7$ m，

即旗杆高度是 6.7 m.

例 4-2-12 如图 4-2-15,在平面直角坐标系中，$\angle ACB=90°$，$OC=2OB$，$\tan\angle ABC=2$，点 B 的坐标为 $(1,0)$，抛物线 $y=-x^2+bx+c$ 经过 A，B 两点.

(1) 求抛物线的表达式；

(2) 若点 P 是直线 AB 上方抛物线上的一点，过点 P 作 PD 垂直 x 轴于点 D，交线段 AB 于点 E，使 $PE=\dfrac{1}{2}DE$.

① 求点 P 的坐标；

② 在直线 PD 上是否存在点 M，使 $\triangle ABM$ 为直角三角形？若存在，求出符合条件的所有点 M 的坐标；若不存在，请说明理由.

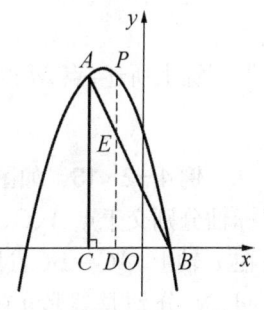

图 4-2-15

解:(1) 在 Rt△ABC 中,由点 B 的坐标可知 OB=1.

∵ OC=2OB,∴ OC=2,则 BC=3.

又∵ tan∠ABC=2,

∴ AC=2BC=6,则点 A 的坐标为(-2,6).

把点 A、B 的坐标代入抛物线 $y=-x^2+bx+c$ 中得

$\begin{cases} -4-2b+c=6, \\ -1+b+c=0, \end{cases}$ 解得 $\begin{cases} b=-3, \\ c=4, \end{cases}$

∴ 该抛物线的表达式为 $y=-x^2-3x+4$.

(2) ① 由点 A(-2,6) 和点 B(1,0) 的坐标易得直线 AB 的表达式为 $y=-2x+2$.

设点 P 的坐标为 $(m,-m^2-3m+4)$,

则点 E 的坐标为 $(m,-2m+2)$,点 D 的坐标为 $(m,0)$,

$PE=-m^2-m+2, DE=-2m+2$.

由 $PE=\frac{1}{2}DE$ 得 $-m^2-m+2=\frac{1}{2}(-2m+2)$,解得 $m=\pm 1$.

又∵ -2<m<1,∴ m=-1,

∴ 点 P 的坐标为 (-1,6).

② ∵ 点 M 在直线 PD 上,且点 P 横坐标为 -1,

∴ 可设 M(-1,y),

∴ $AM^2=(-1+2)^2+(y-6)^2=1+(y-6)^2$,

$BM^2=(1+1)^2+y^2=4+y^2, AB^2=(1+2)^2+6^2=45$.

分三种情况:

(ⅰ) 当∠AMB=90°时,有 $AM^2+BM^2=AB^2$,

∴ $1+(y-6)^2+4+y^2=45$,解得 $y=3\pm\sqrt{11}$,

∴ $M(-1,3+\sqrt{11})$ 或 $(-1,3-\sqrt{11})$;

(ⅱ) 当∠ABM=90°时,有 $AB^2+BM^2=AM^2$,

∴ $45+4+y^2=1+(y-6)^2$,解得 $y=-1$,

∴ M(-1,-1);

(ⅲ) 当∠BAM=90°时,有 $AM^2+AB^2=BM^2$,

∴ $1+(y-6)^2+45=4+y^2$,解得 $y=\frac{13}{2}$,∴ $M\left(-1,\frac{13}{2}\right)$.

综上所述,点 M 的坐标为 $(-1,3+\sqrt{11})$ 或 $(-1,3-\sqrt{11})$ 或 $(-1,-1)$ 或 $\left(-1,\frac{13}{2}\right)$.

例 4-2-13 如图 4-2-16,抛物线 $y=ax^2-5ax+c$ 与坐标轴分别交于点 A、C、E 三点,其中 A(-3,0),C(0,4),点 B 在 x 轴上,AC=BC,过点 B 作 BD⊥x 轴交抛物线于点 D,点 M、N 分别是线段 CO、BC 上的动点,且 CM=BN,联结 MN、AM、AN.

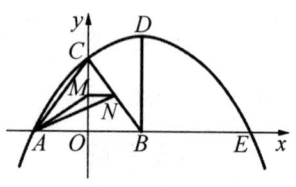

图 4-2-16

(1) 求抛物线的表达式及点 D 的坐标;

(2) 当 $\triangle CMN$ 是直角三角形时,求点 M 的坐标;

(3) 试求出 $AM+AN$ 的最小值.

解:(1) 把 $A(-3,0)$、$C(0,4)$ 代入 $y=ax^2-5ax+c$,

得 $\begin{cases}9a+15a+c=0,\\c=4,\end{cases}$ 解得 $\begin{cases}a=-\dfrac{1}{6},\\c=4,\end{cases}$

∴ 抛物线的表达式为 $y=-\dfrac{1}{6}x^2+\dfrac{5}{6}x+4$.

∵ $AC=BC,CO\perp AB$,∴ $OB=OA=3$,

∴ $B(3,0)$.

∵ $BD\perp x$ 轴交抛物线于点 D,

∴ 点 D 的横坐标为 3.

当 $x=3$ 时,$y=-\dfrac{1}{6}\times 9+\dfrac{5}{6}\times 3+4=5$,

∴ 点 D 坐标为 $(3,5)$.

(2) 在 $Rt\triangle OBC$ 中,$BC=\sqrt{OB^2+OC^2}=\sqrt{3^2+4^2}=5$.

设 $M(0,m)$,则 $BN=4-m,CN=5-(4-m)=m+1$.

∵ $\angle MCN=\angle OCB$,

∴ 当 $\dfrac{CM}{CO}=\dfrac{CN}{CB}$ 时,$\triangle CMN\backsim\triangle COB$,则 $\angle CMN=\angle COB=90°$.

即 $\dfrac{4-m}{4}=\dfrac{m+1}{5}$,解得 $m=\dfrac{16}{9}$,此时点 M 坐标为 $\left(0,\dfrac{16}{9}\right)$.

当 $\dfrac{CM}{CB}=\dfrac{CN}{CO}$ 时,$\triangle CMN\backsim\triangle CBO$,则 $\angle CNM=\angle COB=90°$.

即 $\dfrac{4-m}{5}=\dfrac{m+1}{4}$,解得 $m=\dfrac{11}{9}$,此时点 M 坐标为 $\left(0,\dfrac{11}{9}\right)$.

综上所述,点 M 的坐标为 $\left(0,\dfrac{16}{9}\right)$ 或 $\left(0,\dfrac{11}{9}\right)$.

(3) 如图 4-2-17,联结 DN、AD.

∵ $AC=BC,CO\perp AB$,

∴ OC 平分 $\angle ACB$,

∴ $\angle ACO=\angle BCO$.

∵ $BD\parallel OC$,∴ $\angle BCO=\angle DBC$.

∵ $DB=BC=AC=5,CM=BN$,

∴ $\triangle ACM\cong\triangle DBN$,

∴ $AM=DN$,∴ $AM+AN=DN+AN$,

而 $DN+AN\geqslant AD$(当且仅当点 A、N、D 共线时取等号).

∵ $AD=\sqrt{6^2+5^2}=\sqrt{61}$,

∴ $AM+AN$ 的最小值为 $\sqrt{61}$.

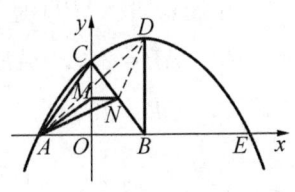

图 4-2-17

3. 四 边 形

例 4-3-1 用一批相同的正多边形地砖铺地坪,要求顶点要聚在一起,且砖与砖之间不留空隙,问:哪几种正多边形可用?

解: 正 n 边形的每个内角为 $\frac{n-2}{n} \times 180°$,要求 k 个正 n 边形各有一个内角拼于一点,恰好覆盖地面,这样 $360° = k \cdot \frac{n-2}{n} \cdot 180° \Rightarrow k = \frac{2n}{n-2} = 2 + \frac{4}{n-2}$.

而 k 为正整数,所以 n 只能为 3、4、6.

因此,用相同的正多边形地砖铺地坪,只有正三角形、正四边形、正六边形的地砖可以用.

例 4-3-2 如图 4-3-1,是将菱形 $ABCD$ 以点 O 为中心按顺时针方向分别旋转 $90°$、$180°$、$270°$ 后形成的图形.若 $\angle BAD = 60°$,$AB = 2$,则图中阴影部分的面积为 _____ .

分析: 要求不规则图形的面积,可转化成规则图形面积的和差关系求解.

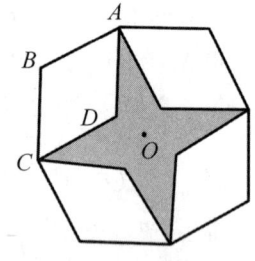

图 4-3-1

解: 如图 4-3-2,联结 OA、OB、OC,则旋转角为 $\angle AOC = 90°$,且 $\angle OCD = \angle OAD$.

又 $\because$ $\angle BAD = 60°$,四边形 $ABCD$ 是菱形,

$\therefore$ $\angle CBA = 120°$,$\angle BCD = 60°$.

$\because$ $\angle CBA + \angle BCO + \angle COA + \angle OAB = 360°$,

$\therefore$ $\angle OCD = \angle OAD = 15°$,

$\therefore$ $\angle BAO = \angle BCO = 75°$,$\therefore$ $\angle AOB = 45°$.

由题意知 $\triangle ABD$ 是等边三角形,作 BD 边上的高 AE.

$\because$ $AB = 2$,$\therefore$ $AE = \sqrt{3}$,$OE = AE = \sqrt{3}$,

$\therefore$ $OD = \sqrt{3} - 1$,

$\therefore$ $S_{\triangle AOD} = \frac{1}{2} \times (\sqrt{3} - 1) \times \sqrt{3} = \frac{3}{2} - \frac{\sqrt{3}}{2}$.

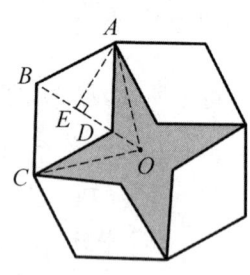

图 4-3-2

根据旋转的特征可知

$S_{阴} = 8 S_{\triangle AOD} = 8 \times \left(\frac{3}{2} - \frac{\sqrt{3}}{2} \right) = 12 - 4\sqrt{3}$.

例 4-3-3 如图 4-3-3 所示,在平面直角坐标系中放置一个边长为 1 的正方形 $ABCD$,将正方形 $ABCD$ 沿 x 轴的正方向无滑动地在 x 轴上滚动.当点 A 离开原点后第一次落在 x 轴上时,求点 A 运动的路径线与 x 轴围成的面积.

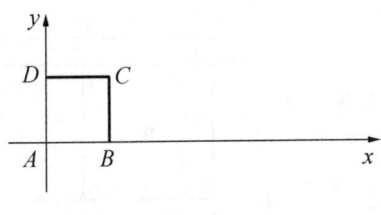
图 4-3-3

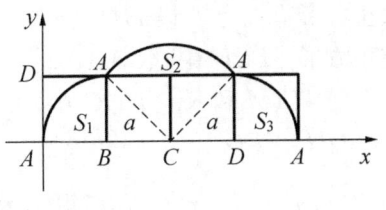
图 4-3-4

解：如图 4-3-4 所示.

点 A 运动的路径线与 x 轴围成的面积 $=S_1+S_2+S_3+2a=\dfrac{90\pi\times 1^2}{360}+\dfrac{90\pi\times(\sqrt{2})^2}{360}$

$+\dfrac{90\pi\times 1^2}{360}+2\times\left(\dfrac{1}{2}\times 1\times 1\right)=\pi+1.$

例 4-3-4 三个牧童 A、B、C 在一块正方形的牧场上看守一群牛.为保证公平合理,他们商量将牧场划分为三块分别看守,划分的原则是:每个人看守的牧场面积相等;在每个区域内,各选定一个看守点,并保证在有情况时他们所需要走的最大距离(看守点到本区域内最远处的距离)相等.按照这一原则,他们先设计了一种如图①的划分方案:把正方形牧场分成三块相等的矩形,大家分头守在这三个矩形的中心(对角线交点),看守自己的一块牧场.

过了一段时间,牧童 B 和牧童 C 又分别提出了新的划分方案.

牧童 B 的划分方案如图②:三块矩形的面积相等,牧童的位置在三个小矩形的中心.

牧童 C 的划分方案如图③:把正方形的牧场分成三块矩形,牧童的位置在三个小矩形的中心,并保证在有情况时三个人所需走的最大距离相等.

请回答:

(1) 牧童 B 的划分方案中,牧童_____(填 A、B 或 C)在有情况时所需走的最大距离较远;

(2) 牧童 C 的划分方案是否符合他们的商量的划分原则?为什么?(提示:在计算时可取正方形边长为 2).

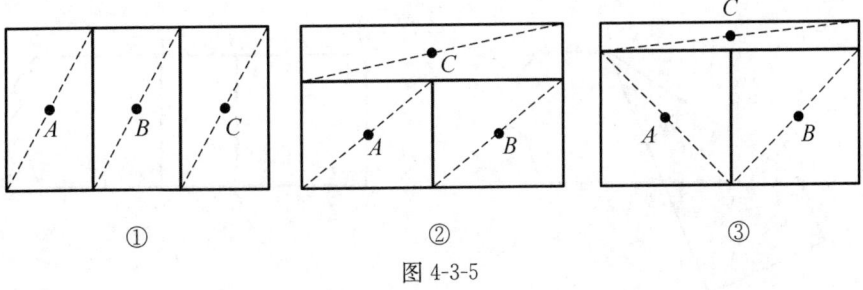

图 4-3-5

解：(1) C；

(2) 牧童 C 的划分方案不符号他们商量的划分原则.理由如下:如图 4-3-6,在正方形 $DEFG$ 中,四边形 $HENM$、$MNFP$、$DHPG$ 都是矩形,且 $HN=NP=HG$.可知 $EN=NF$,$S_{矩形HENM}=S_{矩形FNMP}$.

取正方形边长为 2,设 $HD=x$ 则 $HE=2-x$.

在正方形 $ABCD$ 中,取 $AB=2$.

在 Rt$\triangle HEM$ 和 Rt$\triangle DHG$ 中,由 $HN=HG$,得 $EH^2+EN^2=DH^2+DG^2$.

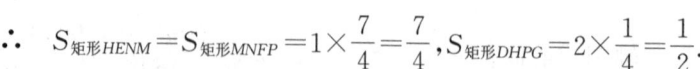

即 $(2-x)^2+1^2=x^2+2^2$,解得 $x=\dfrac{1}{4}$.

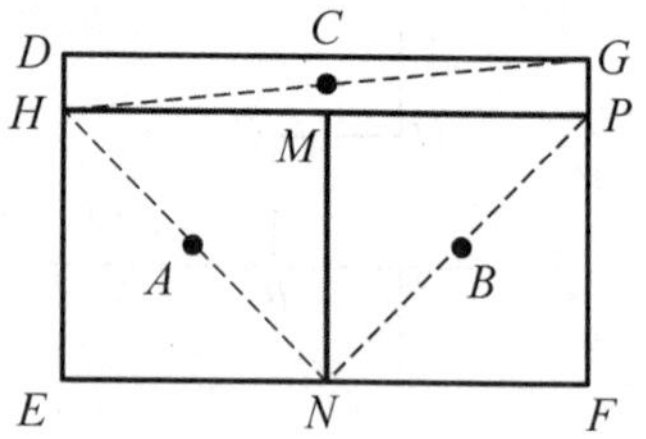

∴ $HE=2-\dfrac{1}{4}=\dfrac{7}{4}$.

图 4-3-6

∴ $S_{矩形 HENM}=S_{矩形 MNFP}=1\times\dfrac{7}{4}=\dfrac{7}{4}$,$S_{矩形 DHPG}=2\times\dfrac{1}{4}=\dfrac{1}{2}$.

∴ $S_{矩形 HENM}\neq S_{矩形 DHPG}$.

∴ 牧童 C 的划分方案不符合他们商量的划分原则.

例 4-3-5 宽与长的比是 $\dfrac{\sqrt{5}-1}{2}$(约为 0.618)的矩形叫做黄金矩形,黄金矩形给我们以协调、匀称的美感,世界各国许多著名的建筑,为取得最佳的视觉效果,都采用了黄金矩形的设计.下面,我们用宽为 2 的矩形纸片折叠黄金矩形.(提示:$MN=2$)

第一步,在矩形纸片一端,利用图 4-3-7 的方法折出一个正方形,然后把纸片展平;

第二步,如图 4-3-8,把这个正方形折成两个相等的矩形,再把纸片展平;

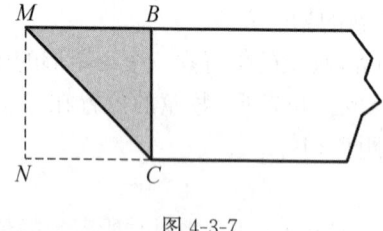

图 4-3-7

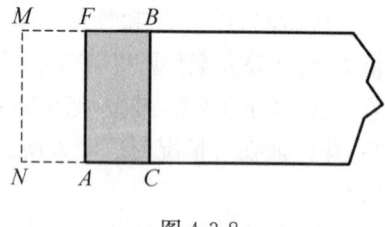

图 4-3-8

第三步,折出内侧矩形的对角线 AB,并把 AB 折到图 4-3-9 中所示的 AD 处;

第四步,展平纸片,按照所得的点 D 折出 DE,使 $DE\perp ND$,则图 4-3-10 中就会出现黄金矩形.

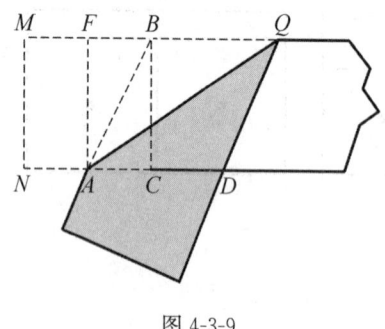

图 4-3-9

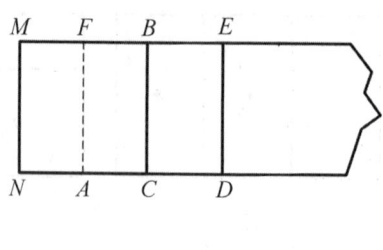

图 4-3-10

问题解决:

(1) 请写出图 4-3-10 中所有的黄金矩形,并选择其中一个说明理由.

(2) 请在矩形 BCDE 中添加一条线段,设计一个新的黄金矩形,用字母表示出来,并写出它的长和宽.

解:(1) 图中的黄金矩形有矩形 BCDE 和矩形 MNDE.

以黄金矩形 BCDE 为例.理由如下:

∵ $AD=\sqrt{5}$, $AN=AC=1$,

∴ $CD=AD-AC=\sqrt{5}-1$.

又∵ $BC=2$,∴ $\dfrac{CD}{BC}=\dfrac{\sqrt{5}-1}{2}$,

故矩形 BCDE 是黄金矩形.

(2) 如图 4-3-11,在矩形 BCDE 上添加线段 GH,使四边形 GCDH 为正方形,此时四边形 BGHE 为所要作的黄金矩形.

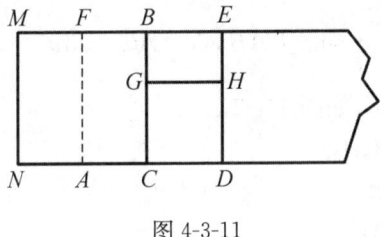

图 4-3-11

长 $GH=\sqrt{5}-1$,宽 $HE=3-\sqrt{5}$.

4. 轴对称与中心对称

例 4-4-1 在△ABC 中,已知 $AB=2a$,$\angle A=30°$,CD 是 AB 边的中线.若将△ABC 沿 CD 翻折起来,折叠后两个小△ACD 与△BCD 重叠部分的面积恰好等于折叠前△ABC 的面积的 $\dfrac{1}{4}$,有如下结论:

①AC 边的长可以等于 a;②折叠前的△ABC 的面积可以等于 $\dfrac{\sqrt{3}}{2}a^2$;

③折叠后,以 A、B_1 为端点的线段 AB_1 与中线 CD 平行且相等.

其中,正确结论的个数是(　　).

(A) 0 个　　　(B) 1 个　　　(C) 2 个　　　(D) 3 个

解:①若 $AC=a$ 成立,根据等腰三角形的性质及图形折叠的性质,可求出四边形 AB_1DC 为平行四边形,再根据平行四边形的性质及三角形的面积公式求解.

若 $AC=a$ 成立,如图 4-4-1,在△ACD 中,由 $\angle CAD=30°$,$AD=a$,

∴ $\angle ADC=\dfrac{1}{2}(180°-\angle CAD)=75°$,$\angle CDB=180°-\angle ADC=105°$,

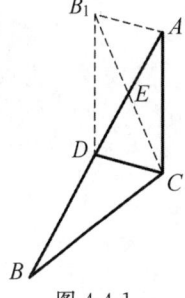

图 4-4-1

而 $\angle CDB_1 = \angle CDB$,

∴ $\angle B_1DA = 105° - 75° = 30°$, ∴ $AC \parallel B_1D$.

∵ $B_1D = BD = a = AC$, ∴ 四边形 AB_1DC 为平行四边形.

∴ $S_{\triangle CED} = \dfrac{1}{2} S_{\triangle ACD} = \dfrac{1}{4} S_{\triangle ABC}$, 满足条件, 即 AC 的长可以等于 a,

故①正确.

②假设 $S_{\triangle ABC} = \dfrac{\sqrt{3}}{2} a^2$ 成立, 由△ABC 的面积公式可求出 $AC = \sqrt{3}a$, 根据三角形的三边关系可求出 $\angle B = 60°$, 由平行四边形的判定定理可求出四边形 AB_2CD 为平行四边形, 再根据平行四边形的性质及三角形的面积公式求解.

若 $S_{\triangle ABC} = \dfrac{\sqrt{3}}{2} a^2$,

∵ $S_{\triangle ABC} = \dfrac{1}{2} AB \cdot AC \cdot \sin\angle CAB$, ∴ $AC = \sqrt{3}a$.

∵ $AC = \sqrt{3}a, \angle B = 60°$, 如图 4-4-2,

∴ $\angle CDB = 60° = \angle DCB_2$.

∴ $AD \parallel B_2C$.

又∵ $B_2C = BC = a = AD$,

∴ 四边形 AB_2CD 为平行四边形.

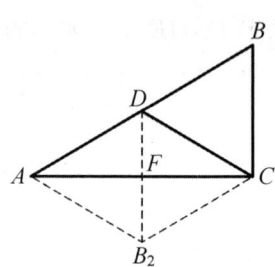

图 4-4-2

∴ $S_{\triangle CFD} = \dfrac{1}{2} S_{\triangle ACD} = \dfrac{1}{4} S_{\triangle ABC}$, 满足条件, 即 $S_{\triangle ABC}$ 的值可以等于 $\dfrac{\sqrt{3}}{2} a^2$,

故②正确.

③综合①、②可知, 以 A、B_1 为端点的线段 AB_1 与中线 CD 平行且相等;
由平行四边形 AB_1CD 或平行四边形 AB_2CD, 显然成立, 故③正确.

故选 D.

例 4-4-2 打台球时有两球位置如图 4-4-3 中 P、Q,

(1) 用球棒撞击 P 球, 使 P 球先撞在球台 BC 边上, 再反弹出去击中 Q 球, 那么用球棒撞击 P 球时应对准 BC 边上的哪一点?

(2) 如果用球棒撞击 P 球, 使 P 球先撞在球台 AB 边, 再反弹到 BC 边, 最后击中 Q 球, 那么用球棒撞击 P 球时应对准 AB 边上的哪一点?

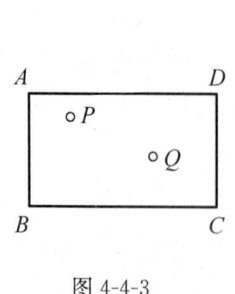

图 4-4-3

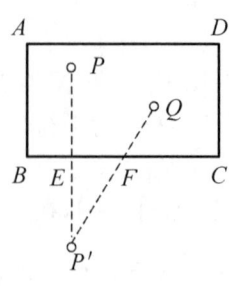

图 4-4-4

解:(1) 如图 4-4-4,作 $PE \perp BC$ 于点 E 且延长一倍到点 P',则点 P' 就是点 P 的对称点,联结 $P'Q$ 交 BC 于点 F,此点 F 即是最初用球棒撞击 P 球时必须对准的 BC 边上的点.

证明:∵ 点 P、点 P' 关于 BC 对称,

∴ △FEP ≌ △FEP',

∴ ∠PFE = ∠$P'FE$ = ∠QFC.

(2) 同上,如图 4-4-5,作出点 P 关于 AB 的对称点 P',作出点 Q 关于 BC 的对称点 Q',联结 $P'Q'$ 分别交 AB、BC 于点 G、H,此两点即为所求点.

即最初用球棒撞击 P 球时方向对准 AB 上的 G 点,撞击后,P 球沿 PG 撞向 AB,反弹线路为 GH,撞着 BC 后再沿 HQ 反弹击中 Q 球.

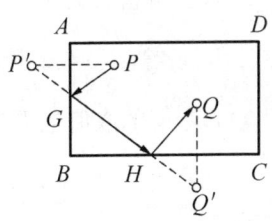

图 4-4-5

证明与上述类似,有:

∠PGA = ∠$P'GA$ = ∠HGB,

∠GHB = ∠$Q'HC$ = ∠QHC.

例 4-4-3 已知一个直角三角形纸片 OAB,如图 4-4-6,其中 ∠AOB=90°,OA=2,OB=4.将该纸片放置在平面直角坐标系中,折叠该纸片,折痕与边 OB 交于点 C,与边 AB 交于点 D.

(1) 若折叠后使点 B 与点 A 重合,求点 C 的坐标;

(2) 若折叠后点 B 落在边 OA 上的点为 B',设 $OB'=x$,$OC=y$,试写出 y 关于 x 的函数解析式,并确定 y 的取值范围;

(3) 若折叠后点 B 落在边 OA 上的点为 B'',且使 $B''D // OB$,求此时点 C 的坐标.

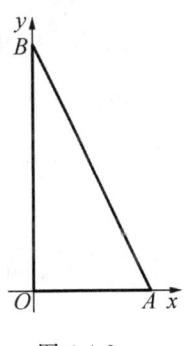

图 4-4-6

解:(1) 如图 4-4-7,折叠后点 B 与点 A 重合,

则△ACD ≌ △BCD.

设点 C 的坐标为 $(0, m)$ $(m>0)$.

则 $BC = OB - OC = 4 - m$.

∴ $AC = BC = 4 - m$.

在 Rt△AOC 中,由勾股定理,得 $AC^2 = OC^2 + OA^2$,

即 $(4-m)^2 = m^2 + 2^2$,解得 $m = \dfrac{3}{2}$.

∴ 点 C 的坐标为 $\left(0, \dfrac{3}{2}\right)$.

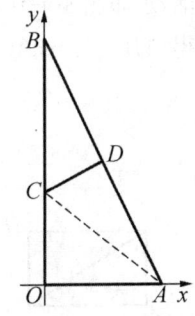

图 4-4-7

(2) 如图 4-4-8,折叠后点 B 落在 OA 边上的点为 B',

则△$B'CD$ ≌ △BCD.

由题设 $OB'=x$,$OC=y$,

则 $B'C = BC = OB - OC = 4 - y$.

在 Rt△$B'OC$ 中，由勾股定理，得 $B'C^2=OC^2+OA^2$，即 $(4-y)^2=y^2+x^2$，

∴ $y=-\dfrac{1}{8}x^2+2$.

由点 B' 在边 OA 上，有 $0\leqslant x\leqslant 2$，

∴ 解析式为 $y=-\dfrac{1}{8}x^2+2(0\leqslant x\leqslant 2)$.

∵ 当 $0\leqslant x\leqslant 2$ 时，y 随 x 的增大而减小，

∴ y 的取值范围为 $\dfrac{3}{2}\leqslant y\leqslant 2$.

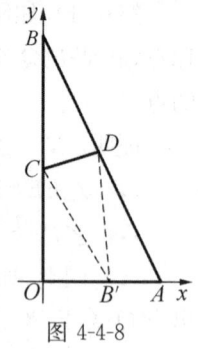

图 4-4-8

(3) 如图 4-4-9，折叠后点 B 落在边 OA 上的点为 B''，且 $B''D$ // OB，

则 $\angle OCB''=\angle CB''D$.

又∵ $\angle CBD=\angle CB''D$，∴ $\angle OCB''=\angle CBD$.

∴ CB'' // BA. ∴ Rt△COB''∽Rt△BOA.

∴ $\dfrac{OB''}{OA}=\dfrac{OC}{OB}$，得 $OC=2OB''$.

在 Rt△COB'' 中，设 $OB''=x_0(x_0>0)$，则 $OC=2x_0$.

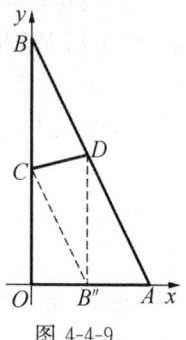

图 4-4-9

由(2)的结论，得 $2x_0=-\dfrac{1}{8}x_0^2+2$，即 $x_0^2+16x_0-16=0$，解得 $x_0=-8\pm4\sqrt{5}$.

∵ $x_0>0$，∴ $x_0=-8+4\sqrt{5}$.

∴ 点 C 的坐标为 $(0,8\sqrt{5}-16)$.

例 4-4-4 在综合与实践课上，老师让同学们以"矩形纸片的剪拼"为主题开展数学活动.如图 4-4-10，将矩形纸片 $ABCD$ 沿对角线 AC 剪开，得到△ABC 和△ACD，并且量得 $AB=2\text{cm},AC=4\text{cm}$.

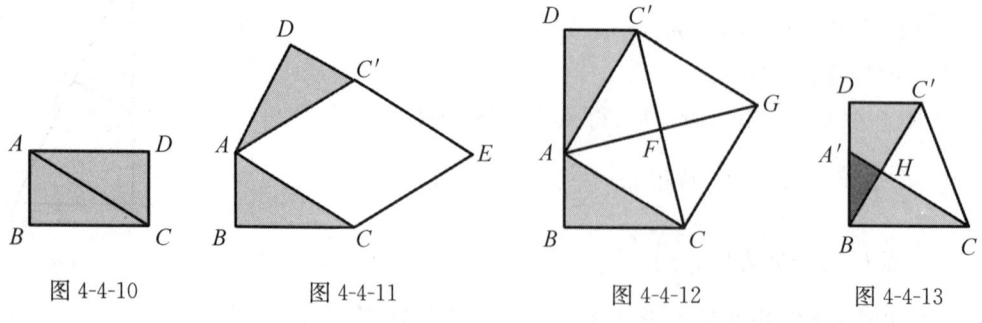

图 4-4-10   图 4-4-11   图 4-4-12   图 4-4-13

(1) 将图 4-4-10 中的△ACD 以点 A 为旋转中心，按逆时针方向旋转 $\angle \alpha$，使 $\angle \alpha=\angle BAC$，得到如图 4-4-11 所示的△$AC'D$，过点 C 作 AC' 的平行线，与 DC' 的延长线交于点 E，则四边形 $ACEC'$ 的形状是_____；

(2) 拓展小组将图 4-4-10 中的 △ACD 以点 A 为旋转中心,按逆时针方向旋转,使 B、A、D 三点在同一条直线上,得到如图 4-4-12 所示的 △AC′D,联结 CC′,取 CC′ 的中点 F,联结 AF 并延长至点 G,使 FG=AF,联结 CG、C′G,得到四边形 ACGC′,发现它是正方形,请你证明这个结论;

(3) 探究小组在拓展小组发现结论的基础上,进行如下操作:将 △ABC 沿着 BD 方向平移,使点 B 与点 A 重合,此时点 A 平移至点 A′,A′C 与 BC′ 相交于点 H,如图 4-4-13 所示,联结 CC′,试求 tan∠C′CH 的值.

解:(1) 菱形;

(2) ∵ 点 F 是 CC′ 的中点,∴ CF=FC′.

∵ FG=AF,∴ 四边形 ACGC′ 是平行四边形.

∵ 在 Rt△ABC 和 Rt△AC′D 中,∠BAC+∠ACB=90°,∠ACB=∠DAC′,

∴ ∠BAC+∠DAC′=90°.

又∵ B、A、D 三点在同一条直线上,∴ ∠CAC′=90°,

∴ 四边形 ACGC′ 是矩形.

∵ AC=AC′,∴ 四边形 ACGC′ 是正方形.

(3) 在 Rt△A′BC 和 Rt△BC′D 中,

$BC=BD=\sqrt{4^2-2^2}=2\sqrt{3}$.

∵ Rt△A′BC≌Rt△BC′D,∴ ∠DBC′+∠BA′C=90°,

∴ ∠BHA′=90°,∴ BC′⊥A′C.

在 Rt△A′BC 中,A′C · BH=BC · A′B,

即 $4BH=2×2\sqrt{3}$,

∴ $BH=\sqrt{3}$,∴ $C′H=BC′-BH=4-\sqrt{3}$.

在 Rt△A′BH 中,$A′H=\sqrt{A′B^2-BH^2}=\sqrt{2^2-(\sqrt{3})^2}=1$,

∴ $CH=4-1=3$,

∴ $\tan∠C′CH=\dfrac{C′H}{CH}=\dfrac{4-\sqrt{3}}{3}$,

∴ $\tan∠C′CH$ 的值为 $\dfrac{4-\sqrt{3}}{3}$.

例 4-4-5 如图 4-4-14 所示,直线 $y=x+c$ 与 x 轴交于点 $A(-4,0)$,与 y 轴交于点 C,抛物线 $y=-x^2+bx+c$ 经过点 A、C.

(1) 点 E 在抛物线的对称轴上,求 $CE+OE$ 的最小值;

(2) 如图 4-4-15 所示,点 M 是线段 OA 上的一个动点,过点 M 作垂直于 x 轴的直线与直线 AC 和抛物线分别交于点 P、N.

① 若以 C、P、N 为顶点的三角形与 △APM 相似,则 △CPN 的面积为_____;

② 若点 P 恰好是线段 MN 的中点,点 F 是直线 AC 上一个动点,在坐标平面内是否存在点 D,使以点 D、F、P、M 为顶点的四边形是菱形?若存在,请直接写出点 D 的坐

标;若不存在,请说明理由.

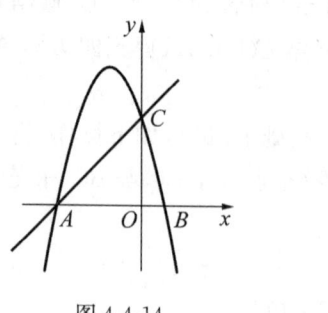

图 4-4-14

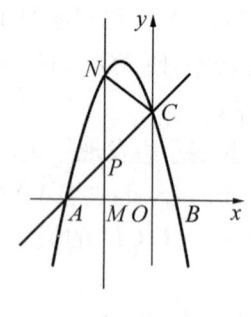

图 4-4-15

解:(1) 将点 $A(-4,0)$ 代入 $y=x+c$,得 $c=4$.

将点 $A(-4,0)$ 和 $c=4$ 代入 $y=-x^2+bx+c$,得 $b=-3$,

∴ 抛物线的表达式为 $y=-x^2-3x+4$.

如图 4-4-16,作点 C 关于抛物线对称轴的对称点 C',联结 OC',交直线 l 于点 E,联结 CE,此时 $CE+OE$ 的值最小.

∵ 抛物线对称轴直线 $x=-\dfrac{3}{2}$, ∴ $CC'=3$.

由勾股定理可得 $OC'=5$,

∴ $CE+OE$ 的最小值为 5.

(2) ① 当 $\triangle CNP \backsim \triangle AMP$ 时,

$\angle CNP=90°$,则 NC 关于抛物线对称轴对称,

∴ $NC=NP=3$,

∴ $\triangle CPN$ 的面积为 $\dfrac{9}{2}$.

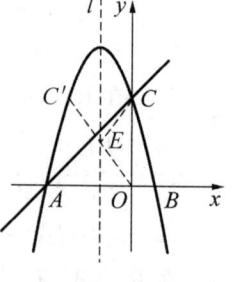

图 4-4-16

当 $\triangle CNP \backsim \triangle MAP$ 时,

由已知 $\triangle NCP$ 为等腰直角三角形,$\angle NCP=90°$.

如图 4-4-17,过点 C 作 $CE \perp MN$ 于点 E,设点 M 坐标为 $(a,0)$,

∴ $EP=EC=-a$,

则点 N 为 $(a,-a^2-3a+4)$,

$MP=-a^2-3a+4-(-2a)=-a^2-a+4$,

∴ $P(a,-a^2-a+4)$,代入 $y=x+4$,

解得 $a=-2$ 或 $a=0$(舍),

则 $N(-2,6)$,$P(-2,2)$,故 $PN=4$.

又∵ $EC=-a=2$,

∴ $\triangle CPN$ 的面积为 4.

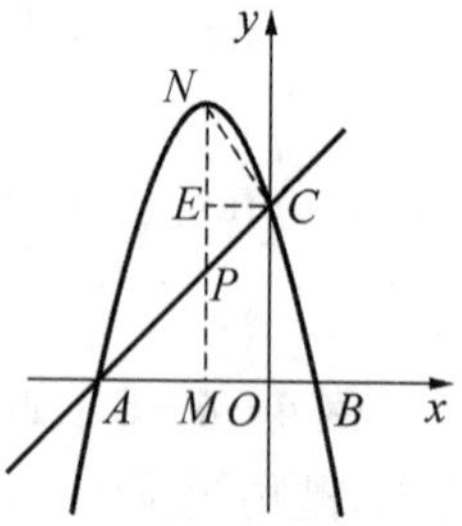

图 4-4-17

故答案为 $\dfrac{9}{2}$ 或 4.

② 存在.设点 M 坐标为 $(a,0)$,则点 N 坐标为 $(a,-a^2-3a+4)$,点 P 坐标

为 $\left(a, \dfrac{-a^2-3a+4}{2}\right)$.

把点 P 坐标代入 $y=x+4$,解得 $a_1=-4$(舍去),$a_2=-1$.

当 $PF=FM$ 时,点 D 在 MN 垂直平分线上,则 $D\left(\dfrac{1}{2},\dfrac{3}{2}\right)$;

当 $PM=PF$ 时,由菱形性质得点 D 坐标为 $\left(-1+\dfrac{3\sqrt{2}}{2},\dfrac{3\sqrt{2}}{2}\right)$ 或 $\left(-1-\dfrac{3\sqrt{2}}{2},-\dfrac{3\sqrt{2}}{2}\right)$;

当 $MP=MF$ 时,点 M、点 D 关于直线 $y=x+4$ 对称,点 D 坐标为 $(-4,3)$.

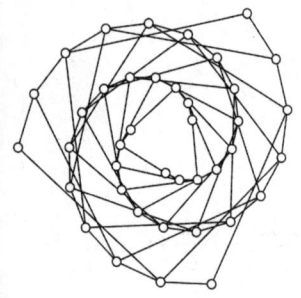

五、二次方程与其他方程

1. 一元二次方程

例 5-1-1 一个正多边形,它共有 20 条对角线,这个多边形有_____条边.

答:8.

例 5-1-2 某超市 1 月份的营业额是 200 万元,1 月、2 月、3 月的营业额共 1000 万元.如果平均月增长率为 x,则由题意可列方程为_____.

答:$200+200(1+x)+200(1+x)^2=1000$.

例 5-1-3 如图 5-1-1,将一块正方形空地划出部分区域进行绿化,原空地一边减少了 2m,另一边减少了 3m,剩余一块面积为 20m² 的矩形空地,则原正方形空地的边长是_____.

答:7m.

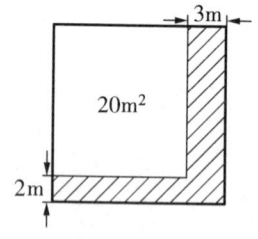

图 5-1-1

例 5-1-4 一个长方体的长与宽的比为 5:2,高为 5 厘米,表面积为 40 平方厘米,则长为_____厘米,宽为_____厘米.

答:长为 2.5 厘米,宽为 1 厘米.

例 5-1-5 一个服装商进货某种 T 恤单价为 21 元/件.按以往经验他知道:按 22 元售出时能卖出 130 件;若 T 恤每涨价 1 元,销售量就减少 10 件.以 x 表示售价(单位:元/件),则销售量为____①____,x 的变化范围为____②____,销售收入为____③____.若要求获得利润 400 元,可得方程____④____.解这个方程,可得定价应为____⑤____元/件.

答:① 注意销售量是以按 22 元售出时能卖出 130 件这种情况为基础的:
$$130-10(x-22)=350-10x.$$

② 售价要不低于成本,且要考虑可以卖出商品,即售价不至于高于销量为 0 时的价格:$21 \leqslant x \leqslant 35$.

③ $x[130-10(x-22)]=350x-10x^2$.

④ $(x-21)[130-10(x-22)]=400$,即 $x^2-56x+775=0$.

⑤ 25 或 31.

例 5-1-6　荷花杯群众足球淘汰赛中每队都与其他队赛一场且只赛一场,淘汰赛共进行了 45 场比赛,总共有_____队参加淘汰赛.

答：10.

例 5-1-7　某股份公司发行一种两年期的公司债券,预定平均年利率比银行现行一年期年利率(4％)高一个百分点.为满足部分投资者的需求,公司允许投资者在第一年末可以选择赎回该债券或继续持有;同时为了鼓励长期投资,公司规定第二年的年利率为第一年年利率的 2 倍.现某投资者购买了 100000 元公司债券,如果他选择在第一年末赎回,他可以得到多少利息?是否比银行一年期的存款合算?

解：设第一年的年利率为 x,则第二年的年利率为 $2x$.据题意,平均年利率等于 5％,得方程
$$(1+x)(1+2x)=1.05^2,$$
整理后得到
$$2x^2+3x-0.1025=0,$$
解得 $x_1\approx 0.0334219, x_2\approx -1.53342$(舍).如果投资者选择在第一年末赎回,他可以得到利息 3342.19 元,比存银行一年期存款利息少约 658 元.

例 5-1-8　某农户种植花生,原种植的花生亩产量为 200 千克,出油率为 40％.现在种植新品种花生后,每亩收获的花生可加工成花生油 105.6 千克,其中花生油出油率的增长率是花生亩产量增长率的二分之一,求新品种花生亩产量的增长率.

分析：设新品种花生出油率的增长率为 x,则新品种花生亩产量的增长率为 $2x$.新品种花生的出油率可以表示为 $40\%(1+x)$,新品种花生亩产量可以表示为 $200(1+2x)$ 千克.可以根据新品种每亩收获的花生可加工成花生油的数量列出方程.

解：设新品种出油率的增长率为 x,则花生亩产量的增长率为 $2x$.
据题意得 $200(1+2x)40\%(1+x)=105.6$,整理后得 $2x^2+3x-0.32=0$,
解得 $x=\dfrac{1}{10}=10\%$ 或 $x=-1.6$(舍).
所以,新品种的花生亩产量的增长率为 20％.

例 5-1-9　一个密码是个两位数,它的个位上的数字与十位上的数字之和是 6,且个位数字比十位数字小.如果把它的个位数字与十位数字调换位置,所得的两位数乘以原来的两位数所得的积等于 1008,求这个密码.

解：设这个两位密码的十位数字为 x,则其个位数字为 $6-x$.根据题意,得
$$[10x+(6-x)][10(6-x)+x]=1008.$$
整理后得方程 $x^2-6x+8=0$.
解得 $x_1=2, x_2=4$.
由于已知个位数字比十位数字小,所以这个密码为 42.

例 5-1-10　某水库的闸板如图 5-1-2 所示,它的形状由一个半圆和一个矩形组合而

成,当已知周长等于 10 米时,要求闸板面积等于 7 平方米,求图中 r 的长度(保留根式).

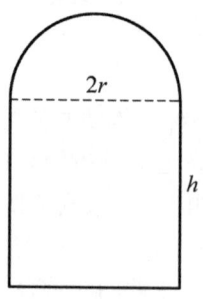

图 5-1-2

解: 周长 $10=\pi r+2r+2h$,面积 $2r\cdot h+\dfrac{\pi}{2}r^2=7$.

由周长表达式可得 $h=\dfrac{10-(\pi+2)r}{2}$,代入面积表达式可得方程 $-\left(2+\dfrac{\pi}{2}\right)r^2+10\cdot r=7$,可得 $r=\dfrac{10\pm\sqrt{44-14\pi}}{4+\pi}$ 米(正、负都是解).

例 5-1-11 小明家的一张桌子的桌面长 1.2 米、宽 1 米.小明妈买了一块漂亮的菱形工艺台布,面积是桌面的 1.2 倍.按图 5-1-3 的样子,小明将台布铺在桌子上时,发现台布在桌子四边垂下的长度相同.求这块台布的边长.(精确到 0.1 米)

图 5-1-3

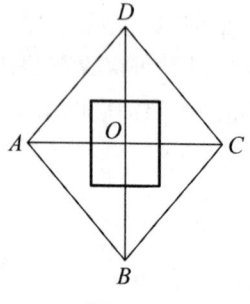

图 5-1-4

解: 设想将台布展开为图 5-1-4 中的菱形 $ABCD$,记对角线的交点为 O. 设垂下的台布长度为 x,则台布的对角线 $AC=2x+1$、$BD=2x+1.2$. 因为菱形的面积等于对角线乘积的一半,由题意可得方程

$$\dfrac{(2x+1)(2x+1.2)}{2}=1.2\times1\times1.2,$$

整理后得 $x^2+1.1x-0.42=0$,解得 $x_1=-1.4$(舍),$x_2=0.3$. 再由直角 $\triangle ADO$ 的勾股定理,菱形的边长等于

$$AD=\sqrt{AO^2+DO^2}=\sqrt{0.8^2+0.9^2}=\sqrt{1.45}\approx1.2.$$

所以台布边长约 1.2 米.

例 5-1-12 一块宽度为 3m 的铁皮,把它弯成横截面为直角三角形的水槽(如图 5-1-5 中 $AC+CB$),且 $AC \leqslant CB$.已知水槽横截面的面积为 $1.12m^2$,求 AC 的长度.如何设计可使水槽横截面的面积达到最大?

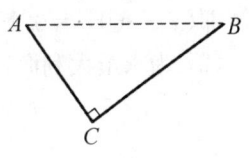

图 5-1-5

解:设 $AC=x$,有 $CB=3-x$,由直角三角形面积公式,得方程 $\dfrac{x(3-x)}{2}=1.12$,整理后得 $x^2-3x+2.24=0$,解得 $x_1=1.4, x_2=1.6$.

∵ $AC \leqslant CB$, ∴ $AC=1.4m$.

要求 △ACB 面积 $S=\dfrac{x(3-x)}{2}$ 最大,即要求 $x(3-x)$ 最大,改写 $x(3-x)=2.25-(1.5-x)^2$,可知当 $x=1.5m$ 时水槽横截面的面积达到最大.

例 5-1-13 某种电脑病毒传播非常快,如果一台电脑被感染,经过两轮感染后共有 81 台电脑上有病毒.请你用学过的知识分析,每轮感染中平均一台电脑会感染几台电脑?若病毒得不到有效控制,3 轮感染后,感染的电脑总数会不会超过 800 台?

解:设每轮感染中平均一台电脑感染 x 台电脑,则由题意可得
$$1+x+(1+x)x=81,$$
整理后化为 $(x+1)^2=81$,解得 $x_1=-10$(舍),$x_2=8$.

即每轮感染中平均一台电脑感染 8 台电脑.

按此速度第三轮后感染病毒电脑总数为
$$81+81 \times 8 = 729.$$
所以 3 轮感染后,感染的电脑总数不会超过 800 台.

例 5-1-14 已知一个商场某商品的成本是每件 120 元.在试销阶段发现每件售价(元)与产品的日销售量(件)始终存在下表中的数量关系,但是每天的盈利却不一样.在商品售价和销售量保持试销阶段数量关系的条件下,请帮助商场:

(1) 找到使利润达到 1600 元时的售价.

(2) 为求利润最大值,商品售价应定为多少?计算此时的最大利润.

每件售价(元)	130	150	165
每日销售量(件)	70	50	35

解:(1) 表格显示,售价为 130 元时销售量为 70 件,以后每涨价 1 元,销售量就减少 1 件.设销售价为每件 x 元,则销售量可以表示为 $70-(x-130)$.

因为每件的利润等于售价与成本之差,总利润为:
$$(x-120)[70-(x-130)].$$
要求利润达到 1600 元,可得方程
$$(x-120)[70-(x-130)]=1600,$$
整理后得

$$x^2-320x+25600=0,$$

即$(x-160)^2=0$,解得$x=160$.此时售价应定为每件 160 元.

(2) 为求最大利润,注意到利润可改写为

$$(x-120)[70-(x-130)]$$
$$=(x-120)(200-x)$$
$$=-x^2+320x-200\times120$$
$$=1600-(x-160)^2.$$

可知要达到最大利润,应取 $x=160$,即此时定价应为每件 160 元,总利润为 1600 元(即上一小题的情况).

例 5-1-15 国际上广泛使用的"身体体重指数"(BMI)是用以 kg 为单位的体重数除以以 m 为单位的身高数平方所得的数字. 成人有五档标准:18.5 以下过轻;18.5~25 正常;25~28 过重;28~32 肥胖;高于 32 非常肥胖(范围都只包含下界,如 25 为过重,28 为肥胖).

(1) 为保持学生体重处于正常范围,体育老师对不同身高的同学都给出体重上限. 他给身高为 1.6m 的同学给出的体重上限是多少?

(2) 一个简易的"标准体重"的计算公式是:身高数(以 cm 为单位)减去 100 即得该身高的人的标准体重数(以 kg 为单位). 某人体重恰为标准体重,而他的 BMI 指数等于 24,求其身高.

解:(1) 体重上限为 $25\times1.6^2=64(\text{kg})$.

(2) 设身高为 x m,则 $\dfrac{100x-100}{x^2}=24$,化简后为

$$6x^2-25x+25=0.$$

解得 $x=\dfrac{25-\sqrt{25}}{12}=\dfrac{5}{3}\approx1.67(\text{m}).$

2. 其他方程

例 5-2-1 轮船在一段 43.2 千米长的河道上无停留地往返一次需 7 小时,已知水流速度为 0.5 米/秒,船的速度为_____米/秒.

答:3.5.

例 5-2-2 一个长方体的底为正方形,其侧面是四个相等的矩形.已知侧面矩形的对角线长度为 $\sqrt{13}$,长方体的表面积为 42,则底的正方形边长为_____.

答:3.

例 5-2-3 有一个如图 5-2-1 所示的窗框共用 9m 的钢材制成.已知窗框的面积为 2 平方米,求其边长.设 $AB=x$,则 $BC=$__①__,x 满足的方程为__②__,化为一元二次方程后为__③__,解得 $x=$__④__(m),$BC=$__⑤__(m).

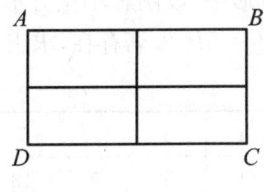

图 5-2-1

答：① $\frac{2}{x}$；② $9=3\left(x+\frac{2}{x}\right)$；③ $x^2-3x+2=0$；④ 2；⑤ 1．

例 5-2-4 一个长为 10m 的梯子斜靠在墙上，梯子的底端离墙脚 8m．当梯子顶端移动的距离等于底端移动的距离时，这个距离等于_____m．

答：2．

例 5-2-5 甲、乙两个城市间的铁路路程为 2100 千米，经过技术改造，列车实施了提速，提速后比提速前速度增加 50 千米/时，列车从甲城到乙城行驶时间减少 45 分钟，这条铁路在现有的安全条件下安全行驶速度不得超过 420 千米/时．请你用学过的数学知识说明在这条铁路现有的条件下列车是否还有潜力可挖？

解：设原来速度 x 千米/时，提速后为 $(x+50)$ 千米/时，按题意的方程

$$\frac{2100}{x}-\frac{2100}{x+50}=0.75,$$

化简后的方程 $x^2+50x-140000=0$，解出 $x_1=-400$（舍），$x_2=350$．

可知原来的速度为 350 千米/时，现在速度为 400 千米/时，应该有提速的空间．

例 5-2-6 图 5-2-2 中每个正方形都由边长为 1 的小正方形组成：

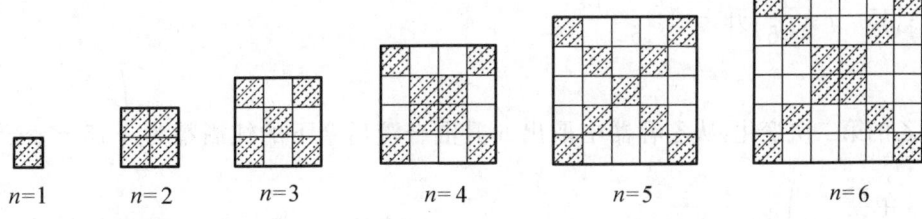

图 5-2-2

(1) 观察图形，填写下列表格：

正方形边长	1	3	5	7	…	n（奇数）
阴影小正方形个数						

正方形边长	2	4	6	8	…	n（偶数）
阴影小正方形个数						

(2) 在边长为 $n(n\geqslant 1)$ 的正方形中,设阴影小正方形的个数为 P_1,白色小正方形的个数为 P_2,问:是否存在偶数 n,使 $P_2=5P_1$?若存在,求出 n 的值;若不存在,请说明理由.

解:(1)

正方形边长	1	3	5	7	…	n(奇数)
阴影小正方形个数	1	5	9	13		$2n-1$

正方形边长	2	4	6	8	…	n(偶数)
阴影小正方形个数	4	8	12	16		$2n$

(2) 由(1)可知,当 n 为偶数时,$P_1=2n$,$P_2=n^2-2n$.条件 $P_2=5P_1$ 可写为
$$n^2-2n=10n,$$
即 $n^2-12n=0$,解得 $n=0$(舍去),$n=12$.所以,当 n 取 12 时,$P_2=5P_1$.

例 5-2-7 甲、乙两个容器同为 15 升的器皿,共装有 15 升的纯酒精,先将甲容器用水注满,并把得到的混合溶液倒入乙容器中,使乙容器注满,然后再从乙容器中取 6 升混合液倒入甲中.若此时乙容器中所含的纯酒精比甲容器中所含纯酒精少 1 升,问:两个容器中原来各装多少升纯酒精?

分析: 设甲容器中原来装 x 升纯酒精,则乙容器中原来装 $(15-x)$ 升纯酒精.

甲的第一次变化:加满水后溶液的浓度为 $\dfrac{x}{15}$,倒出的溶液、纯酒精分别为 x 升、$\dfrac{x^2}{15}$ 升.

甲的第二次变化:甲容器取回 6 升混合液后的最后浓度、纯酒精分别为:

$$\dfrac{15-x+\dfrac{x^2}{15}}{15-x+6}\times 6+x-\dfrac{x^2}{15}、\left(\dfrac{15-x+\dfrac{x^2}{15}}{15}\times 6+x-\dfrac{x^2}{15}\right)\text{升}.$$

乙的第一次变化:当甲容器中的混合液倒满乙容器后,乙容器所含的纯酒精、浓度分别为:$\left(15-x+\dfrac{x^2}{15}\right)$ 升、$\dfrac{15-x+\dfrac{x^2}{15}}{15}$.

乙的第二次变化:从乙容器中取出 6 升混合液后余下的纯酒精为:$\left(15-x+\dfrac{x^2}{15}-\dfrac{15-x+\dfrac{x^2}{15}}{15}\times 6\right)$ 升.

解: 设甲容器中原来装 x 升纯酒精.

由题意得:$\dfrac{15-x+\dfrac{x^2}{15}}{15}\times 6+x-\dfrac{x^2}{15}-1=15-x+\dfrac{x^2}{15}-\dfrac{15-x+\dfrac{x^2}{15}}{15}\times 6$,

整理得 $x^2-15x+50=0$,解得 $x_1=5$,$x_2=10$.

当 $x=5$ 时,$15-x=10$;当 $x=10$ 时,$15-x=5$.

答: 甲容器中原来装 5 升纯酒精,乙容器中原来装 10 升纯酒精;或甲容器中原来装

10 升纯酒精,乙容器中原来装 5 升纯酒精.

例 5-2-8 如图 5-2-3,用同样规格的黑白两色正方形瓷砖铺设矩形地面,请观察图形回答有关问题:

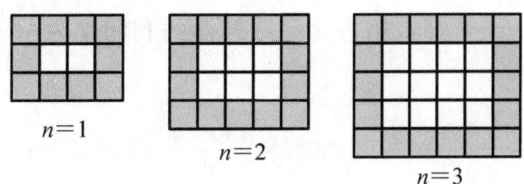

图 5-2-3

(1) 在第 n 个图中,每一横行共有多少块瓷砖?每一竖列共有多少块瓷砖?
(2) 按上面铺设方案,铺一块这样的矩形地面共用去 506 块瓷砖,求此时 n 的值.
(3) 是否存在黑白瓷砖数相等的情况?请通过计算加以说明.

解:(1) 每一横行共有 $(n+3)$ 块瓷砖,每一竖列共有 $(n+2)$ 块瓷砖.

(2) 依题意,得方程 $(n+3)(n+2)=506$,即
$$n^2+5n-500=0,$$
解得 $n_1=20, n_2=-25$(舍去).

(3) 观察第 n 个图形可知,每一横行有白瓷砖 $(n+1)$ 块,每一竖列有白瓷砖 n 块.因此共有白瓷砖 $n(n+1)$ 块.黑瓷砖有 $(n+2)(n+3)-n(n+1)=4n+6$ 块.按题意应研究方程 $n(n+1)=4n+6$ 是否有正整数解.化简得方程 $n^2-3n-6=0$,该方程解为 $n=\dfrac{3\pm\sqrt{33}}{2}$,无整数解.

所以不存在黑白瓷砖数相等的情况.

例 5-2-9 目前,上海轨道交通的总里程位居世界城市第一. 在 2010 年已经超过 400 公里. 到 2016 年底其总里程比 2014 年增加 50 公里,同时每公里的日均客流量将增加 0.21 万人次,这样日均客流量将由 2014 年的 800 万人次增加到 2016 年底的 1000 万人次. 根据这些信息,请推算出 2014 年上海轨道交通的总里程为_____公里.

(注:每公里的日均客流量$=\dfrac{\text{日均客流量}}{\text{轨道交通的总里程数}}$,精确到整数)

解: 设 2014 年上海轨道交通的总里程为 x 公里,每公里日均客流量为 y,则 2016 年底其总里程为 $(x+50)$ 公里,每公里日均客流量为 $y+0.21$. 得方程组
$$\begin{cases}800=xy,\\ 1000=(x+50)(y+0.21),\end{cases}$$
从第一个方程解出 $y=\dfrac{800}{x}$,代入第二个方程,整理后得关于 x 的一元二次方程:
$$21x^2-18950x+4000000=0,$$
解得 $x_1\approx 566, x_2\approx 337$,但 $x=337(<400)$ 不符合题意.

所以 2014 年上海轨道交通的总里程约为 566 公里.

例 5-2-10 某超市销售一种计算器,每个售价 480 元.后来每个计算器的进价降低了 16 元,但售价未变,从而使超市销售这种计算器的利润提高了 5%.求计算器原来的进价.

解:设每个计算器原来的进价为 x 元.根据题意,原来销售这种计算器的利润率为 $\dfrac{480-x}{x}$.现在的进价为 $(x-16)$,销售这种计算器的利润率为 $\dfrac{480-(x-16)}{x-16}$.按题意得方程

$$\dfrac{480-(x-16)}{x-16} \times 100\% = \dfrac{480-x}{x} \times 100\% + 5\%,$$

整理后得方程

$$x^2 - 16x - 153600 = 0,$$

解得 $x_1 = 400, x_2 = -384$(舍).

所以计算器进价为 400 元.

例 5-2-11 如果直角三角形的两条直角边都是整数,且是方程 $mx^2 - 2x - m + 1 = 0$ 的根(m 为整数),这样的直角三角形是否存在?若存在,求出满足条件的所有三角形的三边长;若不存在,请说明理由.

解:当 $m = 0$ 时,原方程为 $-2x + 1 = 0$,解得 $x = \dfrac{1}{2}$,此时满足条件的三角形不存在;

当 $m \neq 0$ 时,方程的解为 $x_{1,2} = \dfrac{1 \pm \sqrt{m^2 - m + 1}}{m}$.当 $m = 1$ 时,$x = 2$ 或 0,这样的直角三角形不存在.假设还存在不为 0 或 1 的整数 m,使得方程有整数根,则 $m^2 - m + 1 = k^2$(k 为整数),即 $m^2 - m = k^2 - 1$,必有 $m(m-1) = (k-1)(k+1)$,而 $m(m-1)$ 是两个连续的不为 0 的整数的乘积,但是 $(k-1)$ 和 $(k+1)$、1 和 (k^2-1) 都不是连续整数,故 $m \neq 0$ 且 $m \neq 1$ 时,$m^2 - m + 1$ 不是某整数的平方.

综上所述,满足条件的直角三角形不存在.

例 5-2-12 某顾客第一次在商店买若干件小商品花去 5 元,第二次在去买该种小商品时,发现每一打(12 件)降价 0.8 元,他比第一次多买了 10 件,这样第二次共花去 2 元,且第二次买的小商品数恰好成打.问:他第一次买的小商品是多少件?

解:设第一次买 x 件,按题意得方程

$$\dfrac{5}{x} - \dfrac{2}{x+10} = \dfrac{0.8}{12},$$

化为整式方程后为 $x^2 - 35x - 750 = 0$,

解得 $x_1 = -15$(舍),$x_2 = 50$.

所以第一次买小商品 50 件.

例 5-2-13 一个密码盒上贴了张字条,上面写着:

"此盒的密码为一个正整数 m,它使下面方程有两个不相等的正整数解:

$$(m^2-1)x^2-6(3m-1)x+72=0"$$

你能打开此密码盒吗?

解:首先,$m^2-1\neq 0$,$m\neq\pm 1$.$\Delta=36(m-3)^2>0$,所以 $m\neq 3$.用求根公式可得

$$x_1=\frac{6}{m-1},x_2=\frac{12}{m+1}.$$

由于 x_1、x_2 是正整数,所以

$m-1=1,2,3,6$,$m+1=1,2,3,4,6,12$.

只有当 $m=2$ 时,$x_1=6$,$x_2=4$ 是两个不相等的正整数解.所以密码为 2.

例 5-2-14 有一个文具店实施优惠方案:凡购买圆珠笔 51 支以上(含 51 支)按批发价结算,每购买 2 支批发价比零售价少付 1 元.现在班长李明去为全班代购圆珠笔,若他给全班每人买一支,则需要按零售价结算,需支付 $10m$ 元(m 是整数);若多买 10 支,则可以按批发价结算,恰好也支付 $10m$ 元.问:全班共有多少同学?为买笔他共支付了多少钱?

解:设全班同学共 x 人.由题意可知,全班同学不超过 50 人,但多于 40 人.即 x 满足

$$40<x\leqslant 50,x\text{ 为整数}.$$

两种结账方法的差别是:

$$(\text{零售价}-\text{批发价})\times 2=1.$$

全班共 x 个同学,每人买一支,支付 $10m$ 元,每支 $\dfrac{10m}{x}$ 元,这是零售价;多买 10 支,也支付 $10m$ 元,每支 $\dfrac{10m}{x+10}$ 元,这是批发价.按题意可得方程:

$$\left(\frac{10m}{x}-\frac{10m}{x+10}\right)\times 2=1.$$

整理后得

$$x^2+10x-200m=0.$$

把上述方程看作是关于 x 的一元二次方程,解得

$$x=-5\pm\sqrt{25+200m}\quad(\text{负号不取}).$$

由于 x 是一个整数,因而 $25+200m$ 必须是一个完全平方数.由 x 的范围,必有

$$40<-5+\sqrt{25+200m}\leqslant 50.$$

移项后得 $45<\sqrt{25+200m}\leqslant 55$,不等式两边同除以 5 后可简化为 $9<\sqrt{1+8m}\leqslant 11$.这意味着 $1+8m$ 是大于 81 且小于 121 的整数.$1+8m$ 只可能是 100 或 121.注意到 m 也是整数,用 100 与 121 代入试算后得 $1+8m=121$,$m=15$.

将 $m=15$ 代入 $x=-5+\sqrt{25+200m}$ 后,得 $x=50$.

所以,班级同学共有 50 人,买笔共支付了 150 元.

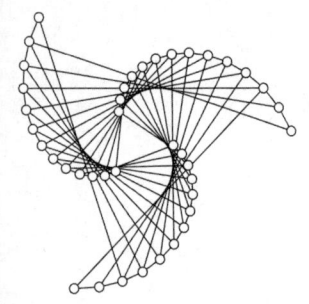

六、分式与二次根式应用题

1. 分式应用题

例 6-1-1 学校用一笔钱买奖品,若以 1 支钢笔和 2 本日记本为一份奖品,则可买 60 份奖品;若以 1 支钢笔和 3 本日记本为一份奖品,则可买 50 份奖品,那么这笔钱全部用来买钢笔,可以买_____支.

答:100.

例 6-1-2 如图 6-1-1,已知一个啤酒瓶高为 h,瓶内酒面高为 a,若将瓶盖盖好后倒置,酒面高为 a',则酒瓶的容积与瓶内酒的体积之比为_____.

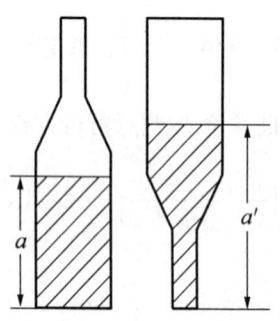

图 6-1-1

答:$\dfrac{h+a-a'}{a}$.

例 6-1-3 为了提高产品的附加值,某公司计划将研发生产的 1200 件新产品进行精加工后再投放市场.现有甲、乙两个工厂都具备加工能力,公司派出相关人员分别到这两个工厂了解情况,获得如下信息:

信息一:甲工厂单独加工完成这批产品比乙工厂单独加工完成这批产品多用 10 天;
信息二:乙工厂每天加工的数量是甲工厂每天加工数量的 1.5 倍.
根据以上信息,求甲、乙两个工厂每天分别能加工多少件新产品.

解:设甲工厂每天能加工 x 件新产品,则乙工厂每天能加工 $1.5x$ 件新产品.

依题意得 $\dfrac{1200}{x}=\dfrac{1200}{1.5x}+10$,解得 $x=40$.

经检验,$x=40$ 是原方程的解,并且符合题意.
∴　$1.5x=60$.
答：甲工厂每天能加工 40 件新产品,乙工厂每天能加工 60 件新产品.

例 6-1-4　某学校后勤人员到一家文具店给九年级的同学购买考试用文具包,文具店规定一次购买 400 个以上,可享受 8 折优惠.若给九年级学生每人购买一个,不能享受 8 折优惠,需付款 1936 元;若多买 88 个,就可享受 8 折优惠,同样只需付款 1936 元.请问:该学校九年级学生有多少人?

解：设九年级学生有 x 人,根据题意,列方程得：
$$\frac{1936}{x}\times 0.8=\frac{1936}{x+88},$$
整理得 $0.8(x+88)=x$,解得 $x=352$.
经检验 $x=352$ 是原方程的解.
答：这个学校九年级学生有 352 人.

例 6-1-5　一个盒子里装有红、黄、白三种颜色的球,若白球至多是黄球的 $\frac{1}{2}$,且至少是红球的 $\frac{1}{3}$,黄球与白球合起来不多于 55 个,则盒子中至多有多少个红球?

解：设白球 x 个,黄球 y 个,红球 z 个,则依题意有 $\begin{cases} x\leqslant \frac{1}{2}y, \\ x\geqslant \frac{1}{3}z, \\ y+x\leqslant 55. \end{cases}$

因为 $y\geqslant 2x$,所以 $3x\leqslant y+x\leqslant 55$.
又 x 为整数,则 $x\leqslant 18$.
又 $z\leqslant 3x$,得 $z\leqslant 54$.
答：盒子中至多有 54 个红球.

例 6-1-6　河水是流动的,在 B 点流入一个静止的湖中,游泳健将在河中顺流从 A 游到 B,再穿过湖游到 C,共用 1 小时;而由 C 到 B 再到 A,共用 2 小时.如果设湖水也是流动的,从 B 流向 C,速度与河水速度相同,那么游泳健将从 A 到 B 再到 C,共用 50 分钟,这时他从 C 到 B 再到 A,共用_____小时.
答：2.5.

例 6-1-7　编号为 1~25 的 25 个弹珠被分放在两个篮子 A 和 B 中,15 号弹珠在篮子 A 中,把这个弹珠从篮子 A 移至篮子 B 中,这时篮子 A 中的弹珠号码数的平均数等于原平均数加 $\frac{1}{4}$,B 中弹珠号码数的平均数也等于原平均数加 $\frac{1}{4}$,则原来在篮子 A 中有_____个弹珠.
答：9.

例 6-1-8 小张卖布,他自定零售价比批发价高 40%,但他发现,由于他所用的米尺不准确,他只赚了 39%,那么小张卖布时所用尺的"1 米"比标准的"1 米"多了_____.(精确到 0.1mm)

答: 7.2mm.

例 6-1-9 有一位作家,被一个稀奇古怪的困难弄得寝食难安,他写作品写得越是接近结尾,就写得越慢.他着手写一部作品的时候,每天的完成量同余下要写的页数成比例.他写第一页用了 10 天的时间,但写最后一页却要用 50 天的时间,则这本书有_____页,写完需要_____天.(每当余下要写的页数不是整数时,总是用进一法化为大于它且最接近它的那个整数)

答: 5;115.

例 6-1-10 西瓜论千克计价,购买西瓜时,希望可以食用的部分占整个西瓜的比例越大越好.如果一批西瓜的皮厚都是 d,试问:买大西瓜合算还是买小西瓜合算?(把西瓜都看作球状,并设西瓜内物质的密度分布是均匀的)

解:设西瓜的半径为 R,则可以食用部分与整个西瓜的体积的比为

$$\frac{\frac{4}{3}\pi(R-d)^3}{\frac{4}{3}\pi R^3}=\frac{(R-d)^3}{R^3}=\left(1-\frac{d}{R}\right)^3.$$

因为 d 为定值,R 越大,$\frac{d}{R}$ 越小,$1-\frac{d}{R}$ 越大,从而可以食用部分占整个西瓜的比越大,所以购买大西瓜更合算.

例 6-1-11 国家倡议大家要植树造林,现有一块荒地,如图 6-1-2,它被分成了四块,面积都不相同.根据单位面积内所需树量相同,西边地种 5 棵树,南边地种 10 棵树,东边地种 8 棵树,问:北边地应种几棵树?

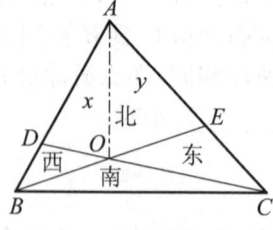

图 6-1-2

解: $\frac{5+x}{y}=\frac{BO}{OE}=\frac{10}{8}$,$\frac{x}{8+y}=\frac{OD}{OC}=\frac{5}{10}$.

$x=10,y=12$,所以北边地应种 22 棵树.

例 6-1-12 某河的水流速度为每小时 2 千米，A、B 两地相距 36 千米，一动力橡皮艇从 A 地出发，逆流而上去 B 地，出航后 1 小时，机器发生故障，橡皮艇随水向下漂流，30 分钟后机器修复，继续向 B 地开去，但船速比修复前每小时慢了 1 千米，到达 B 地比预定时间迟了 54 分钟，求橡皮艇起初在静水中的速度.

解：设橡皮艇起初在静水中的速度为 x 千米/时，如图 6-1-3，有：

$$\frac{36}{x-2}=1+\frac{1}{2}+\frac{36-1\cdot(x-2)+\frac{1}{2}\cdot 2}{x-2-1}-\frac{9}{10}.$$

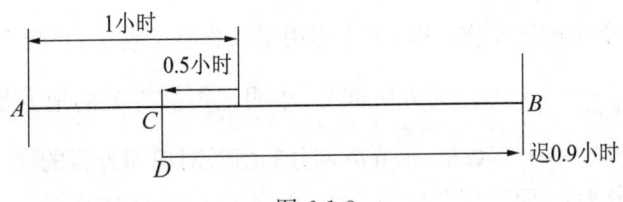

图 6-1-3

化简得 $x^2-5x-84=0$，

所以 $x_1=12$，$x_2=-7$（舍）.

所以，橡皮艇起初在静水中的速度为 12 千米/时.

例 6-1-13 考古学家发现了一块黄铜和青铜的混合物，其中含 74% 的铜，16% 的锌，10% 的锡；进一步的分析得知，青铜含 80% 的铜、4% 的锌和 16% 的锡，而黄铜是铜和锌的合金. 求黄铜中含有的铜和锌之比.

解：设黄铜中含铜 x%，则含锌 $(100-x)$%，黄铜和青铜的混合物中含黄铜 a，青铜 b.

则 $\begin{cases}\dfrac{ax+80b}{74}=\dfrac{16b}{10}, & ① \\ \dfrac{a(100-x)+4b}{16}=\dfrac{16b}{10}, & ②\end{cases}$

由①得 $x=\dfrac{192b}{5a}$，③

由②得 $100-x=\dfrac{108b}{5a}$，④

由③、④得 $\dfrac{x}{100-x}=\dfrac{16}{9}$.

所以，黄铜中含有的铜和锌之比为 16∶9.

例 6-1-14 有甲、乙、丙三个小朋友，甲说了一个正整数，乙说了一个比甲大的正整数，丙说了一个比乙大的正整数. 说完后三人发现他们说的数的倒数之和仍然是整数. 求他们三个分别说的数.

解：设他们三个说的数分别为 x、y、z $(x<y<z)$ 且 $\dfrac{1}{x}+\dfrac{1}{y}+\dfrac{1}{z}=a$.

对于任意 x、y、z，都有 $a=\dfrac{1}{x}+\dfrac{1}{y}+\dfrac{1}{z}<\dfrac{1}{1}+\dfrac{1}{2}+\dfrac{1}{2}=2$，所以 $a=1$.

又由 $\dfrac{1}{x}<a=1<\dfrac{1}{x}+\dfrac{1}{x}+\dfrac{1}{x}=\dfrac{3}{x}$，可得 $1<x<3$，从而 $x=2$.

此时方程变成 $\dfrac{1}{y}+\dfrac{1}{z}=\dfrac{1}{2}$，$\dfrac{1}{y}<\dfrac{1}{2}<\dfrac{2}{y}$，可得 $2<y<4$，从而 $y=3$，

最后求得 $z=6$.

所以，他们三个说的数分别为 2、3、6.

例 6-1-15 小明做回家作业时，不小心用墨水弄脏了卷子，只能看到需要解的方程为 $\dfrac{x}{x-4}+\dfrac{x-4}{x}+\dfrac{4x-\square}{x(x-4)}=0$，□为弄脏部分，小明记得被弄脏的地方是个正数，且学校同学讨论时说这题只有一个实数根，求弄脏部分的值及对应原方程的根.

解： 设弄脏部分为 a，原方程变形为 $2x^2-4x+(-a+16)=0$.

(1) 当 $\Delta=16-4\times 2(-a+16)=0$，即 $a=14$ 时，$x_1=x_2=1$；

(2) 当 $\Delta=16-4\times 2(-a+16)>0$，即 $a>14$ 时，方程有两个不等的实根，而其中一个根为 0 或 4，为增根.

当 $x=0$ 时，代入方程得 $a=16$，此时方程的另一个根是 $x=2$，是原方程的唯一根. 同样当 $x=4$ 时，得 $a=32$，此时有根 $x=-2$.

综上所述，若原分式方程只有一个实数根时，所对应 a 的值是 14、16、32，

其对应的根依次是 1、2、-2.

例 6-1-16 有大、小两辆汽车，小车每天运 p 吨货物，大车比小车每天多运 10 吨货物. 现在让大车完成运送 120 吨货物的任务，小车完成运送 100 吨货物的任务，哪辆汽车完成任务用的时间少？

分析： 比较哪辆汽车完成任务用的时间少，应分别求出两辆汽车完成任务用的时间. 大车完成任务所用的时间为 $\dfrac{120}{p+10}$，小车完成任务所用的时间为 $\dfrac{100}{p}$，然后作差比较.

解： $\dfrac{120}{p+10}-\dfrac{100}{p}=\dfrac{20(p-50)}{p(p+10)}$.

因为 p 与 50 的大小不知，所以要分情况讨论.

(1) 当 $p>50$ 时，$p-50>0\Rightarrow\dfrac{120}{p+10}>\dfrac{100}{p}$，小车完成任务用的时间少；

(2) 当 $p<50$ 时，$p-50<0\Rightarrow\dfrac{120}{p+10}<\dfrac{100}{p}$，大车完成任务用的时间少；

(3) 当 $p=50$ 时，$p-50=0\Rightarrow\dfrac{120}{p+10}=\dfrac{100}{p}$，两车完成任务用的时间相等.

例 6-1-17 某人向一空水池注水，第一秒注水量为整个水池的 $\dfrac{47}{m^2+m}$，第二秒注

水量为整个水池的 $\dfrac{47}{(m+1)^2+(m+1)}$,以此类推,最后一秒注水量为整个水池的 $\dfrac{47}{n^2+n}$,此时水池恰好注满(其中 m、n 为正整数). 此人注水共花了多少秒?

解:由题意得 $\dfrac{1}{m^2+m}+\dfrac{1}{(m+1)^2+(m+1)}+\cdots+\dfrac{1}{n^2+n}=\dfrac{1}{47}$,

分母中提公因式得 $\dfrac{1}{m(m+1)}+\dfrac{1}{(m+1)(m+2)}+\cdots+\dfrac{1}{n(n+1)}=\dfrac{1}{47}$,

即 $\dfrac{1}{m}-\dfrac{1}{m+1}+\dfrac{1}{m+1}-\dfrac{1}{m+2}+\cdots+\dfrac{1}{n}-\dfrac{1}{n+1}=\dfrac{1}{47}$,

消去后得 $\dfrac{1}{m}-\dfrac{1}{n+1}=\dfrac{1}{47}$.

移项得 $m=47\times\dfrac{n+1}{n+48}=47\times\left(1-\dfrac{47}{n+48}\right)=47-\dfrac{47^2}{n+48}$.

为使 m 为正整数,故 $n+48=47$(舍)或 $n+48=47^2$,即 $n=2161$,$m=47-1=46$.

∴ $n-m+1=2116$.

例 6-1-18 11 区大陆上,拉拉国和水水国开战了。已知拉拉国的军队为一个 $(x+1)$ 人 $\times (x+1)$ 人的方阵,每人战斗力为 $\dfrac{1}{x}$;水水国军队为一个 y 人 $\times y$ 人的方阵,每人战斗力为 $\dfrac{1}{y-1}$. 双方将领开战前发现双方战斗力均等,求 y 关于 x 的函数解析式.

解:由题意得 $\dfrac{y^2}{y-1}=\dfrac{(x+1)^2}{x}$,

整理得 $xy^2-(x+1)^2y+(x+1)^2=0$,

∵ $x\neq 0$,

∴ $y=\dfrac{(x+1)^2\pm\sqrt{(x+1)^4-4x(x+1)^2}}{2x}$

$=\dfrac{(x+1)^2\pm\sqrt{(x+1)^2(x-1)^2}}{2x}$

$=\dfrac{(x+1)^2\pm(x^2-1)}{2x}$,

即 $y=1+\dfrac{1}{x}$(舍)或 $y=x+1$.

例 6-1-19 小明和小张参加野外游夏令营,其中一个项目是划船闯关,他们俩划了一条船逆流而上,在一座桥下将水壶遗失并被水冲走了,他们继续划了 20 分钟后才发现,于是立即返回,在桥下游 2 千米的地方追到了水壶,求该河水的水流速度.

解:设该河水的水流速度是每小时 x 千米,划船速度是每小时 a 千米,则

$\dfrac{2+\dfrac{20(a-x)}{60}}{a+x}=\dfrac{2}{x}-\dfrac{20}{60}$,

$$\frac{120-20x+20a}{60(a+x)} = \frac{120-20x}{60x},$$

$$\frac{120-20x+20a}{a+x} = \frac{120-20x}{x},$$

$$\frac{20a}{a} = \frac{120-20x}{x}(利用合分比),$$

得 $x=3$.

所以,水流速度为每小时 3 千米.

例 6-1-20 某文具店上年度铅笔定价为 0.8 元/支,年销量为 a 支,本年度计划将定价降到 0.55 元/支到 0.75 元/支之间,而用户期望定价为 0.4 元/支.经测算,下调定价后新增的销量与实际定价和用户期望定价的差成反比(比例系数为 k),即是:新增销量 = $\dfrac{k}{实际定价-期望定价}$,该铅笔的进价为 0.3 元/支.

(1) 写出本年度定价下调后,收益 y 与实际定价 x 的函数关系式;

(2) 设 $k=0.2a$,当定价最低定为多少时,仍可保持收益比上年至少增长 20%?

解:(1) 设下调后的定价为 x 元/支,依题意知销量增至 $\dfrac{k}{x-0.4}+a$,收益为

$$y = \left(\frac{k}{x-0.4} + a\right) \cdot (x-0.3)(0.55 \leqslant x \leqslant 0.75).$$

(2) 依题意有

$$\begin{cases} \left(\dfrac{0.2a}{x-0.4}\right) \cdot (x-0.3) \geqslant [a \times (0.8-0.3)] \cdot (1+0.2), \\ 0.55 \leqslant x \leqslant 0.75, \end{cases}$$

解得 $0.60 \leqslant x \leqslant 0.75$.

答:当定价最低定为 0.60 元/支时,仍可保证收益比上年至少增长 20%.

例 6-1-21 某商场在一楼至二楼之间安装一自动扶梯,以均匀的速度向上行驶,一男孩与一女孩同时在自动扶梯上走到二楼(扶梯本身也在行驶).如果将男孩与女孩都作为匀速运动考虑,且男孩每分钟走动的级数是女孩的两倍,已知男孩走了 27 级到达自动扶梯顶部,而女孩走了 18 级到达顶部(设男孩、女孩每次只跨一级台阶).如果扶梯附近有一个从二楼下到一楼的楼梯道,台阶的级数与扶梯的级数相等,两人各自到了自动扶梯顶部后按原速再下楼梯,到楼梯底部再走自动扶梯(不考虑楼梯与扶梯间的距离)……则男孩第一次追上女孩时走了多少级台阶?

解:设女孩速度为 x 级/分,自动扶梯有 s 级,速度为 y 级/分扶梯.

$$\begin{cases}\dfrac{27}{2x}=\dfrac{s-27}{y},\\ \dfrac{18}{x}=\dfrac{s-18}{y},\end{cases}\text{解得}\begin{cases}s=54,\\ y=2x.\end{cases}$$

设男孩第一次追上女孩时,男孩走过自动扶梯 m 遍,走过楼梯 n 遍,则女孩走过自动扶梯 $(m-1)$ 遍,走过楼梯 $(n-1)$ 遍.

$\dfrac{54m}{4x}+\dfrac{54n}{2x}=\dfrac{54(m-1)}{3x}+\dfrac{54(n-1)}{x}$,化简得 $6n+m=16$,

m、n 中至少有一个正整数,且 $0\leqslant|m-n|\leqslant1$,

解得 $m=3,n=2\dfrac{1}{6}$.

$\therefore\ 3\times27+2\dfrac{1}{6}\times54=198$(级).

例 6-1-22 在同一条街 AB 上,甲由 A 向 B 步行,乙骑车由 B 向 A 行驶,乙的速度是甲的速度的 3 倍,此时公共汽车由始发站 A 开出向 B 行进,且每隔几分钟发一辆车,过了一段时间,甲发现每隔 10 分钟有一辆公共汽车追上他,而乙感到每隔 5 分钟就碰到一辆公共汽车,那么在始发站公共汽车发车的间隔时间是多少分钟?

解: 设始发站每隔 x 分钟发一辆车,又设相邻两辆公共汽车之间的距离为 1,则公共汽车每分钟行的路程为 $\dfrac{1}{x}$,每分钟公共汽车比甲多行的路程是 $\dfrac{1}{10}$;每分钟公共汽车与乙共行的路程为 $\dfrac{1}{5}$,于是甲每分钟的路程为 $\left(\dfrac{1}{x}-\dfrac{1}{10}\right)$,乙每分钟的路程为 $\left(\dfrac{1}{5}-\dfrac{1}{x}\right)$.

根据题意得 $3\left(\dfrac{1}{x}-\dfrac{1}{10}\right)=\dfrac{1}{5}-\dfrac{1}{x}$,

解方程,得 $x=8$.经检验,$x=8$ 是原方程的根.

答: 始发站公共汽车发车的间隔时间是 8 分钟.

例 6-1-23 图 6-1-4 是某城市部分交通示意图,其中 $ABDECA$ 是一个矩形通道.某人住在 A 处要到 E 处,可步行 3 分钟到 B 处乘 1 路车经 D 处到 E 处;也可步行 8 分钟到 C 处乘 2 路车到 E 处.假定 1 路车和 2 路车车速相同,且 1 路车每 20 分钟一趟,第一趟从 B 处向 BD 方向开出的时间是上午 7 点 20 分.2 路车每 5 分钟一趟,第一趟从 C 处按 CE 方向开出的时间是上午 7 点 10 分.此人在上午 7 点 45 分出发,为了尽快到达 E 处,应选乘哪路车?

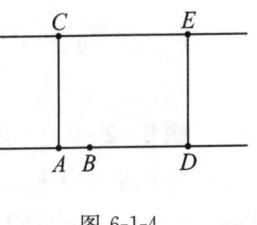

图 6-1-4

解: 若乘 1 路车,则此人走到 B 处时已是 7 点 48 分,需候车 12 分,故他从 A 处经 B 处乘 1 路车到 E 处所花时间 t_1 为:

$$t_1=3+12+\dfrac{s-3u}{v}=15+\dfrac{s-3u}{v}(\text{分}).$$

这里，s 表示 A 处到 E 处的距离，u 为步行速度，v 为车速．若乘 2 路车，则此人走到 C 处时已是 7 点 53 分，需候车 2 分钟，故他从 A 处经 C 处乘 2 路车到 E 处所花时间 t_2 为：

$$t_2 = 8 + 2 + \frac{s-8u}{v} = 10 + \frac{s-8u}{v} \text{(分)}.$$

$$t_1 - t_2 = 5 + \frac{5u}{v} > 0,$$

这说明乘 1 路车到 E 处所花时间较多．故应选乘 2 路车．

2．二次根式应用题

例 6-2-1 电视塔一般造得很高，是为了使得从塔顶发射出来的电磁波能射到较远的地方，而不被地球表面所挡住，从而使更大范围内的观众可以收看得到．已知上海东方明珠电视塔高为 468 米，试计算传播半径是多少千米？（已知地球半径为 6370 千米）

解： 如图 6-2-1 所示，电视塔 AB 的高度为 h 米，地球半径 $OC = R = 6370$ 千米，传播半径 $BC = r$，近似地认为 $\angle ABC = 90°$．

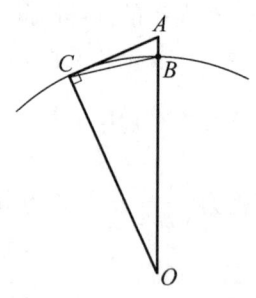

图 6-2-1

$\because$ $AC^2 = AO^2 - OC^2 = (R+h)^2 - R^2 = h^2 + 2Rh$，

$\therefore$ $r^2 = BC^2 = AC^2 - AB^2 = h^2 + 2Rh - h^2 = 2Rh$，

$r = \sqrt{2 \times 6370 \times 0.468} \approx 77.22$（千米）．所以，传播半径是 77.22 千米．

例 6-2-2 小明家墙上曾因贴过一张画留下了一个三角形的灰影，这个三角形的三边长分别是 3 分米、4 分米和 5 分米，现小明想用一幅正方形的新画来遮盖住这块灰影，问：这个正方形的边长最小是多少？

解： 设 $\triangle EFG$ 的三边 EF、FG、GE 分别长 3 分米、4 分米和 5 分米，则 $\triangle EFG$ 是直角三角形，其中 $\angle EFG = 90°$，EG 为斜边．显然，边长为 4 分米的正方形能完全盖住 $\triangle EFG$，但不是最小的．可以设想一个完全盖住 $\triangle EFG$ 的正方形 $ABCD$，如图 6-2-2 所示．此时正方形的边长 $BC < GF = 4$．设 $BC = a$，则 $BF = \sqrt{16-a^2}$，而 $\triangle FBC \sim \triangle EAF$．

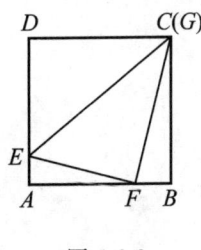

图 6-2-2

于是 $4:3=a:(a-\sqrt{16-a^2})$,整理后可解出 $a^2=\dfrac{256}{17}$,所以能完全盖住 $\triangle EFG$ 的最小正方形边长 $a=\dfrac{16}{17}\sqrt{17}\approx 3.88$(分米).

例 6-2-3 在交通拥挤地段,为了确保交通安全,规定机动车相互之间的距离 d(米)与车速 v(千米/时)需遵循的关系是 $d\geqslant\dfrac{1}{2500}av^2$(其中 a(米)是车身长,a 为常量),同时规定 $d\geqslant\dfrac{a}{2}$.

(1) 当 $d=\dfrac{a}{2}$ 时,求机动车车速的变化范围;

(2) 设机动车每小时流量 $Q=\dfrac{1000v}{a+d}$,应规定怎样的车速,使机动车每小时流量 Q 最大?

解:(1) 由 $\dfrac{a}{2}=\dfrac{1}{2500}av^2$,得 $v=25\sqrt{2}$,$\therefore$ $0<v\leqslant 25\sqrt{2}$;

(2) 当 $v\leqslant 25\sqrt{2}$ 时,$Q=\dfrac{1000v}{\dfrac{3}{2}a}$,$Q$ 是 v 的一次函数.

$v=25\sqrt{2}$,Q 最大,为 $\dfrac{50000\sqrt{2}}{3a}$.

当 $v>25\sqrt{2}$ 时,$Q=\dfrac{1000}{a\left(\dfrac{1}{v}+\dfrac{v}{25000}\right)}\leqslant\dfrac{25000}{a}$,

$\therefore$ 当 $v=50$ 时,Q 最大为 $\dfrac{25000}{a}$.

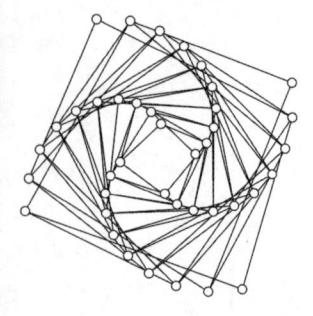

七、函　数

1. 一次函数

例7-1-1 某水果批发市场规定:批发苹果不少于100千克时批发价每千克2.5元.小李携带现金3000元到这市场采购苹果,并以批发价买进,如果购买的苹果为 x 千克,小李付款后的剩余现金为 y 元,则 y 与 x 之间的函数关系式是_____,自变量 x 的取值范围是_____.

答: $y=3000-2.5x\,(100\leqslant x\leqslant 1200)$.

例7-1-2 A 市和 B 市分别有同类库存设备12台和6台.现决定支援贫困地区 C 村10台、D 村8台,已知从 A 市调运一台设备到 C 村和 D 村的运费分别是400元和800元,从 B 市调运一台设备到 C 村和 D 村的运费分别是300元和500元.设 B 市运往 C 村设备 x 台,总运费 y 关于 x 的函数关系式是_____;总运费不超过9000元,有_____种方案,其中运费最低的调运方案运费是_____元.

分析:此题属规划类问题,在求得函数关系式的基础上,根据题意建立不等式,通过讨论,求得最优方案.

解:(1) 设 B 市运往 C 村 x 台,则运往 D 村为 $(6-x)$ 台;A 市运往 C 村 $(10-x)$ 台,运往 D 村为 $[8-(6-x)]$ 台,根据题意得
$$y=400(10-x)+800[8-(6-x)]+300x+500(6-x),$$
即 $y=200x+8600$.

(2) 由 $y=200x+8600\leqslant 9000$,得 $x\leqslant 2$,
所以有 $x=0,x=1,x=2$ 三种调运方案.

(3) 当 $x=0$ 时,总运费最低,最低运费为8600元,费用最低的调运方案为:从 A 市调10台机器给 C 村,2台给 D 村,从 B 市调6台给 D 村.

例7-1-3 某农场300名职工耕种51公顷土地,分别种植水稻、蔬菜和棉花,种植这些农作物每公顷所需职工数如表一所示:

表一

农作物	每公顷所需人数
水稻	4
蔬菜	8
棉花	5

表二

农作物	每公顷预计产值
水稻	4.5 万元
蔬菜	9 万元
棉花	7.5 万元

设水稻、蔬菜、棉花的种植面积分别为 x 公顷、y 公顷、z 公顷.

(1) 用含 x 的代数式分别表示 y 和 z；

(2) 若这些农作物的预计产值如表二所示,且总产值 P 满足关系式 $360 \leqslant P \leqslant 370$ (x、y、z 均为整数),这个农场应怎样安排水稻、蔬菜、棉花的种植面积?

解: (1) $\begin{cases} x+y+z=51, \\ 4x+8y+5z=300 \end{cases} \Rightarrow \begin{cases} y+z=51-x, \\ 8y+5z=300-4x \end{cases} \Rightarrow \begin{cases} 5y+5z=255-5x, \\ 8y+5z=300-4x. \end{cases}$

两式相减得 $3y=45+x$. 将 $y=15+\dfrac{1}{3}x$ 代入 $y+z=51-x$ 可得 $z=36-\dfrac{4}{3}x$.

$\therefore \begin{cases} y=15+\dfrac{1}{3}x, \\ z=36-\dfrac{4}{3}x. \end{cases}$

(2) $P=4.5x+9y+7.5z=\dfrac{9}{2}x+9\left(15+\dfrac{1}{3}x\right)+\dfrac{15}{2}\left(36-\dfrac{4}{3}x\right)=-\dfrac{5}{2}x+405.$

$\because 360 \leqslant P \leqslant 370,$

$\therefore 360 \leqslant -\dfrac{5}{2}x+405 \leqslant 370,$

$\therefore 14 \leqslant x \leqslant 18.$

又 $\because$ x、y、z 均为整数,可得 $x=15, y=20, z=16$ 或 $x=18, y=21, z=12.$

例 7-1-4 将长为 30cm,宽为 10cm 的长方形白纸按图 7-1-1 所示的方法粘合起来,粘合部分的宽为 3cm.

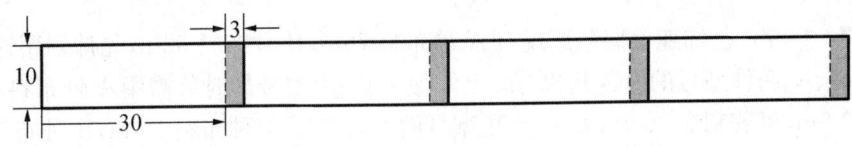

图 7-1-1

(1) 5 张白纸粘合后的长度是 _____；

(2) 设 x 张白纸粘合后的总长度为 y, 写出 y 与 x 之间的函数关系式: _____, 并求 $x=20$ 时 $y=$ _____.

解:(1) 5 张白纸粘合后的长度是 $30\times5-4\times3=138$(cm).

(2) x 张白纸粘合后的长度是
$$y=30 \cdot x-3(x-1)=27x+3.$$

∴ y 与 x 之间的函数关系式是 $y=27x+3$.

当 $x=20$ 时, $y=27\times20+3=543$(cm).

例 7-1-5 某饮料厂生产一种饮料, 经测算用 1 吨水生产的饮料所获利润 y(元) 是 1 吨水价格的一次函数.

1 吨水的价格为 x(元)	4	6
用 1 吨水生产的饮料利润为 y(元)	200	198

(1) 由上表数据, y 与 x 的函数关系式是 _____ ;
(2) 当水价为 10 元/吨时, 1 吨水生产的饮料所获利润是 _____ 元.

解:(1) 设 $y=kx+b(k\neq0)$,

由题意得 $\begin{cases}200=4k+b,\\198=6k+b,\end{cases}$ ∴ $\begin{cases}k=-1,\\b=204,\end{cases}$ ∴ $y=-x+204$.

(2) 当 $x=10$ 时, $y=-10+204=194$.

∴ 当水价为 10 元/吨时, 一吨水生产的饮料所获利润为 194 元.

例 7-1-6 在上题中, 为节约用水, 实行阶梯水价: 日用水量不超过 20 吨时水价为 4 元/吨, 日用水量超过 20 吨时, 超过部分按 10 元/吨计算. 已知该厂日用水量不少于 20 吨, 设为 t 吨, 日获利润为 W 元, W 和 t 的函数关系式是 _____. 该厂加强管理, 积极节水, 使日用水量不超过 25 吨, 但仍不少于 20 吨, 该厂日利润的取值范围是 _____.

解: $W=200\times20+194(t-20)=194t+120 (t\geq20)$,

$t=\dfrac{W-120}{194}$.

由 $20\leq t\leq25$, 得 $20\leq\dfrac{W-120}{194}\leq25$.

∴ $4000\leq W\leq4970$.

∴ 该厂日利润不少于 4000 元, 不超过 4970 元.

例 7-1-7 已知亚美服装厂现有 A 种布料 70m, B 种布料 52m, 先计划用这两种布料生产 M、N 两种型号的时装共 80 套. 已知做一套 M 型号的时装需用 A 种布料 0.6m, B 种布料 0.9m, 可获利润 45 元; 做一套 N 型号的时装需用 A 种布料 1.1m, B 种布料 0.4m, 可获利润 50 元. 若设生产 N 型号的时装套数为 x, 用这批布料生产这两种型号的时装所获的总利润为 y 元.

(1) 求 y(元)与 x(套)的函数关系式, 并求出自变量 x 的取值范围;

(2) 亚美服装厂在生产这批时装中,当 N 型号的时装为多少套时,所获利润最大? 最大利润是多少?

解:(1) $y=45(80-x)+50x$,即 $y=5x+3600$.

依题意得 $\begin{cases} 0.6(80-x)+1.1x \leqslant 70, \\ 0.9(80-x)+0.4x \leqslant 52, \end{cases}$

解得 $40 \leqslant x \leqslant 44$.

∵ x 为整数,∴ 自变量 x 的取值范围是 40,41,42,43,44.

(2) 在函数中 $y=5x+3600$ 中,y 随 x 的增大而增大.

∴ 当 $x=44$ 时,y 有最大值,其最大值为 3820 元.

即当生产 N 型号的服装为 44 套时,能使该厂所获利润最大,最大利润是 3820 元.

例 7-1-8 有一批货,如果月初售出,可获利 1000 元,并可将本利和再去投资,到月末获利 1.5%.如果月末售出这批货,可获利 1200 元,但要付 50 元保管费.这批货在月初售出好还是月末售出好?

解:设这批货成本为 a 元,

月初售出到月末可获利润:
$$P_1=1000+(a+1000)\times 1.5\%=0.015a+1015(元).$$

月末售出可获利润:
$$P_2=1200-50=1150(元),$$
$$P_1-P_2=0.015a-135=0.015(a-9000).$$

∴ 当 $a>9000$ 时,月初售出好;当 $a=9000$ 时,月初月末售出结果相同;当 $a<9000$ 时,月末售出好.

例 7-1-9 图 7-1-2 表示一骑自行车者和一骑摩托车者沿相同的路线由甲地到乙地行驶过程的函数图像(分别为正比例函数和一次函数).两地的距离是 80 千米,请你根据图像回答或解决下面的问题:

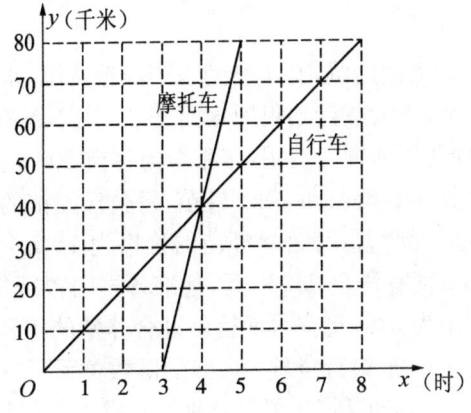

图 7-1-2

(1) 谁出发得较早？早多长时间？谁到达乙地较早？早多长时间？

(2) 两人在途中行驶的速度分别是多少？

(3) 请你分别求出表示自行车和摩托车行驶过程的函数解析式(不要求写出自变量的取值范围)．

(4) 指出在什么时间段内两车均行驶在途中(不包括端点)；在这一段时间内，请分别按下列条件列出关于时间 x 的方程式或不等式：

① 自行车行驶在摩托车前面；

② 自行车与摩托车相遇；

③ 自行车行驶在摩托车后面．

解：(1) 由图 7-1-2 可以看出：自行车出发较早，早 3 个小时；摩托车到达乙地较早，早 3 个小时．

(2) 对自行车而言，行驶的距离是 80 千米，耗时 8 个小时，所以其速度是：
$$80 \div 8 = 10(千米/时);$$
对摩托车而言，行驶的距离是 80 千米，耗时 2 个小时，所以其速度是：
$$80 \div 2 = 40(千米/时).$$

(3) 设表示自行车行驶过程的函数解析式为 $y = kx$，

∵ $x = 8$ 时，$y = 80$，∴ $80 = 8k$，解得 $k = 10$，

∴ 表示自行车行驶过程的函数解析式为 $y = 10x$．

设表示摩托车行驶过程的函数解析式为 $y = ax + b$，

∵ $x = 3$ 时，$y = 0$，而且 $x = 5$ 时，$y = 80$，

∴ $\begin{cases} 0 = 3a + b, \\ 80 = 5a + b, \end{cases}$ 解得 $\begin{cases} a = 40, \\ b = -120, \end{cases}$

∴ 表示摩托车行驶过程的函数解析式为 $y = 40x - 120$．

(4) 在 $3 < x < 5$ 时间段内两车均行驶在途中，

① 自行车在摩托车前面：$10x > 40x - 120$；

② 两车相遇：$10x = 40x - 120$；

③ 自行车在摩托车后面：$10x < 40x - 120$．

例 7-1-10 苏州地处太湖之滨，有丰富的水产养殖资源，水产养殖户李大爷准备进行大闸蟹与河虾的混合养殖，李大爷计划租用水面 x 亩，用于蟹虾混合养殖，水产养殖的成本包括水面年租金、苗种费用和饲养费用：年租金为每亩 500 元，水面需按整数亩出租；每亩水面可在年初混合投放 4kg 蟹苗和 20kg 虾苗；每公斤蟹苗的价格为 75 元，其饲养费用为 525 元，当年可获 1400 元收益；每公斤虾苗的价格为 15 元，其饲养费用为 85 元，当年可获 160 元收益．李大爷现有资金 25000 元，他准备再向银行贷款 y 元(不超过 25000 元)，已知银行贷款的年利率为 8%，每亩水面蟹虾混合养殖的年利润为 z 元；

(1) 写出租用水面 x(亩)与 银行贷款 y(元)的函数关系；

(2) 写出租用水面 x(亩)与年利润(利润=收益－成本)z(元)的函数关系；

(3) 李大爷应该租多少亩水面，并向银行贷款多少元可使年利润超过 35000 元？

解：(1) 每亩的成本为 $500 + 20(15 + 85) + 4(75 + 525) = 4900$(元)，

$$y = \begin{cases} 0, & 0 \leqslant x \leqslant 5, \\ 4900x - 25000, & 5 \leqslant x \leqslant 10, \end{cases} x \text{ 为整数}.$$

(2) 每亩收益 $= 4 \times 1400 + 20 \times 160 = 8800$, 故每亩利润 $= 8800 - 4900 = 3900$.

$$z = \begin{cases} 3900x, & 0 \leqslant x \leqslant 5, \\ 3900x - 0.08(4900x - 25000), & 5 \leqslant x \leqslant 10 \end{cases}$$

$$= \begin{cases} 3900x, & 0 \leqslant x \leqslant 5, \\ 3508x + 2000, & 5 \leqslant x \leqslant 10 \end{cases} x \text{ 为整数}.$$

(3) 设租 n 亩, 贷款 $(4900n - 25000)$ 元,

$$\therefore \begin{cases} 4900n - 25000 \leqslant 25000, \\ 3508n + 2000 > 35000, \end{cases}$$

解得 $9\dfrac{357}{877} < n \leqslant 10\dfrac{10}{49}$, $\therefore$ n 取 10.

故李大爷应该租 10 亩水面, 并向银行贷款 24000 元可使年利润超过 35000 元.

例 7-1-11 某市经济适用房以分期付款方式出售, 政府给予一定的贴息. 某户居民购得 1 套 120000 元的房子, 购房时首期付款 30000 元, 从第 2 年起, 每年应付房款 5000 元再加上上一年付款后剩余房款的利息. 剩余房款的年利率为 0.4%.

(1) 求年份 $x(x \geqslant 2)$ 与交付房款 y 之间的函数关系.

(2) 求第 3 年和第 10 年应付房款额.

解: (1) 第 1 年付首付房款 30000 元;

第 2 年房款 5000 元加第一年剩余房款 90000 元的利息 90000×0.004, 以后剩余房款每年减少 5000 元.

得 $y = 5000 + [90000 - 5000(x-2)] \times 0.004 = 5400 - 20x (x \geqslant 2)$.

(2) 分别以 $x = 3, x = 10$ 代入, 得 $y = 5340, y = 5200$.

例 7-1-12 某车间有 20 名工人, 每人每天可加工甲种零件 5 个或乙种零件 4 个, 在这 20 名工人中, 派 x 人加工甲种零件, 其余的加工乙种零件, 已知每加工一个甲种零件可获利 16 元, 每加工一个乙种零件可获利 24 元.

(1) 写出此车间每天所获利润 y(元)与加工甲种零件人数 x 之间的函数关系式(只要求写出解析式);

(2) 若要使车间每天获利不低于 1800 元, 至少要派多少人加工乙种零件?

解: 此题属生产经营问题, 可通过建立函数关系式, 结合不等式求解.

(1) $y = 16 \times 5x + 24 \times 4(20 - x) = -16x + 1920$.

(2) 由 $-16x + 1920 \geqslant 1800$, 得 $x \leqslant 7.5$.

而 x 只能取正整数, 所以至多要派 7 个人加工甲种零件, 即至少要派 13 人加工乙种零件, 才能使车间每天获利不低于 1800 元.

例 7-1-13 下表所示为装运甲、乙、丙三种蔬菜的重量及利润, 某汽车公司计划装运甲、乙、丙三种蔬菜到外地销售(每辆汽车按规定满载, 并且每辆汽车只能装一种蔬菜).

	甲	乙	丙
每辆汽车满载的吨数	2	1	1.5
每吨蔬菜可获得利润(百元)	5	7	4

该公司计划用 20 辆汽车装运甲、乙、丙三种蔬菜 36 吨到某地销售(每种蔬菜不少于 1 车),如何安排装运可使公司获得最大利润?最大利润是多少?

解: 此题应根据题意,建立数学模型,结合不等式运用函数的性质,求得最佳方案.

设用 x 辆汽车装运甲种蔬菜,y 辆汽车装运乙种蔬菜,z 辆汽车装运丙种蔬菜,总利润为 W(百元),根据题意可得:

$$\begin{cases} x+y+z=20, \\ 2x+y+1.5z=36, \end{cases} 则 \begin{cases} y=x-12, \\ z=32-2x, \end{cases}$$

∴ $W = 5 \times 2x + 7y + 4 \times 1.5z = 10x + 7y + 6z$
$= 10x + 7(x-12) + 6(32-2x)$
$= 5x + 108.$

由 $\begin{cases} x-12 \geqslant 1, \\ 32-2x \geqslant 1, \end{cases}$ 得 $\begin{cases} x \geqslant 13, \\ x \leqslant 15.5, \end{cases}$

故当 $x=15$ 时,$W_{\max}=183$,此时 $y=3, z=2$.

答:安排 15 辆汽车装运甲种蔬菜,3 辆汽车装运乙种蔬菜,2 辆汽车装运丙种蔬菜.

例 7-1-14 某单位计划 10 月份组织员工到杭州旅游,人数估计在 10~25 人之间,甲、乙两旅行社的服务质量相同,且组织到杭州旅游的价格都是每人 200 元.该单位联系时,甲旅行社表示可给予每位游客七五折优惠;乙旅行社表示可先免去一位游客的旅游费用,其余游客八折优惠.问:该单位应怎样选择,使其支付的旅游总费用较少?

解:设游客人数 $x(10 \leqslant x \leqslant 25)$,用 $y_甲$、$y_乙$ 分别表示甲、乙两旅行社费用:
$y_甲 = 200 \times 0.75 \times x = 150x (10 \leqslant x \leqslant 25)$,
$y_乙 = 200 \times 0.8(x-1) = 160x - 160 (10 \leqslant x \leqslant 25)$.

比较 $y_甲$ 与 $y_乙$:$y_甲 - y_乙 = 150x - 160x + 160 = 160 - 10x$.

分类讨论:(1) $x=16$,即当游客为 16 人时,$y_甲 = y_乙$.甲、乙旅行社一样.

(2) 当游客为 $10 \leqslant x < 16$ 时,$y_甲 > y_乙$,选乙旅行社.

(3) 当游客为 $16 < x \leqslant 25$ 时,$y_甲 < y_乙$,选甲旅行社.

例 7-1-15 遥控赛车在"争先"杯赛中,电脑记录了速度的变化过程如图 7-1-3 所示,能否用函数解析式表示这段记录?

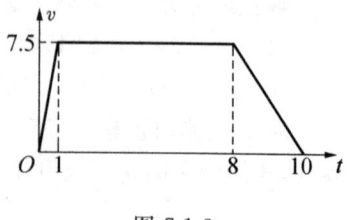

图 7-1-3

解:当 t 在 0~1s 内,速度 v 与 t 有正比例函数关系
$$v = 7.5t (0 \leqslant t \leqslant 1);$$

当 t 在 1~8s 内,速度 v 保持不变,则
$$v = 7.5 (1 < t \leqslant 8);$$

当 t 在 8~10s 内,速度 v 与时间 t 有一次函数关系,

$$v=-3.75t+37.5 \ (8<t\leqslant 10).$$

即 $v=\begin{cases} 7.5t, & 0\leqslant t\leqslant 1, \\ 7.5, & 1<t\leqslant 8, \\ -3.75t+37.5, & 8<t\leqslant 10. \end{cases}$

例 7-1-16 有一卖报人,从报社批进某种晚报的价格是每份 1 元,卖出的价格是每份 1.5 元,卖不掉的晚报用每份 0.4 元的价格退回报社,30 天里 20 天每天可卖出 150 份,其余 10 天每天只卖出 100 份,但这 30 天每天从报社批进的份数必须相同.他应该每天从报社批进多少份时,才能使获得的月利润最高?

解:设每天批进 x 份时获得的月利润为 y 元,

则 $y=\begin{cases} 15x, & 0<x<100, \\ 4x+1100, & 100\leqslant x\leqslant 150, \\ 4400-18x, & x>150. \end{cases}$

据此作出函数图像,如图 7-1-4.

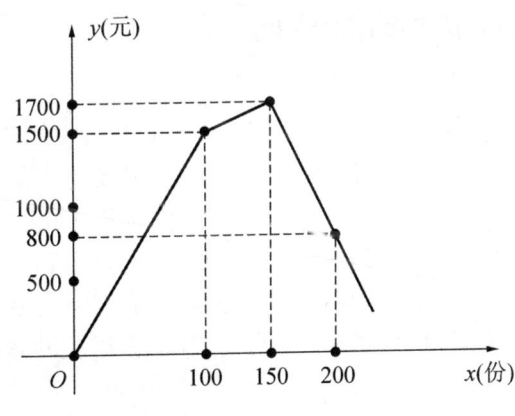

图 7-1-4

从图上可知,当 $x=150$ 时,$y_{最大}=1700$(元).

∴ 应每天批进这种晚报 150 份,才能使月利润最高为 1700 元.

2. 二 次 函 数

例 7-2-1 某商品在最近 100 天内,商品的单价 y(元)与时间 t(天)的函数关系是:

$$y=\begin{cases} \dfrac{t}{4}+22, & 1\leqslant t\leqslant 40, \\ -\dfrac{t}{2}+52, & 41\leqslant t\leqslant 100. \end{cases}$$

销售量 g 与时间 t(天)的函数关系是 $g=-\dfrac{t}{3}+\dfrac{112}{3}$ ($1\leqslant t\leqslant 100$,$t$ 为整数).

这种商品在这 100 天内日销售额的最大值为_____（日销售额＝当日价格×日销售量，t 为整数）．

分析：由于单价 y 与时间 t 的函数关系为分段函数，所以日销售额应根据时间 t 的取值来讨论．

解：(1) 当 $1 \leqslant t \leqslant 40$ 时，

$$y \cdot g = \left(\frac{t}{4}+22\right)\left(-\frac{t}{3}+\frac{112}{3}\right) = -\frac{1}{12}(t-12)^2 + \frac{2500}{3}.$$

所以 $t=12$ 时，$y \cdot g$ 取得最大值为 $\frac{2500}{3}$；

(2) 当 $41 \leqslant t \leqslant 100$ 时，

$$y \cdot g = \left(-\frac{t}{2}+52\right)\left(-\frac{t}{3}+\frac{112}{3}\right) = \frac{1}{6}t^2 - 36t + \frac{52 \times 112}{3}.$$

由此可知"$y \cdot g$"是关于 t 的二次函数，而此二次函数图像——抛物线开口向上，对称轴为 $t=108$，但 $41 \leqslant t \leqslant 100$，于是当 $t=41$ 时，$y \cdot g$ 取到最大值 $\frac{1491}{2}$．

又 $\frac{2500}{3} > \frac{1491}{2}$，所以日销售额的最大值为 $\frac{2500}{3}$．

例 7-2-2 某市"建设社会主义新农村"工作组到某县大棚蔬菜生产基地指导菜农修建大棚种植蔬菜．通过调查得知：平均修建每公顷大棚要用支架、农膜等材料费 2.7 万元；购置喷灌设备，这项费用（万元）与大棚面积（公顷）的平方成正比，比例系数为 0.9；另外每公顷种植蔬菜需种子、化肥、农药等开支 0.3 万元．每公顷蔬菜年均可卖 7.5 万元．收益（扣除修建和种植成本后）y（元）与大棚面积 x（公顷）之间的函数关系式为_____．若某菜农期望通过种植大棚蔬菜当年获得 5 万元收益，工作组应建议他修建_____公顷大棚．

解：由题意得 $y = 7.5x - (2.7x + 0.9x^2 + 0.3x) = 0.9x^2 - 4.5x$．

即 $0.9x^2 - 4.5x = 5$，解得 $x_1 = \frac{5}{3}$，$x_2 = \frac{10}{3}$（舍去）．

所以，工作组应建议修建 $\frac{5}{3}$ 公顷大棚．

例 7-2-3 某公司生产 A 种产品，它的成本是每件 2 元，售价为每件 3 元，年销售量是 100 万件．为了获得更好的利益，公司准备拿出一定的资金做广告，投入的年广告费为 10 万～30 万元．根据经验，每年投入的广告费 x（以十万元为单位），产品的销售量将是原销售量的 y 倍，且 y 是 x 的二次函数，它们的关系如下表：

x（十万元）	0	1	2	…
y	1	1.5	1.8	…

(1) y 与 x 的函数关系式是_____；

(2) 如果把利润看成是销售总额减去成本费和广告费，年利润 s（十万元）与广告费

x(十万元)的函数关系式是_____.

解：(1) 设二次函数解析式为 $y=ax^2+bx+c$.

由表中数据得 $\begin{cases} c=1, \\ a+b+c=1.5, \\ 4a+2b+c=1.8, \end{cases}$ 解得 $\begin{cases} a=-\dfrac{1}{10}, \\ b=\dfrac{3}{5}, \\ c=1. \end{cases}$

∴ 所求函数解析式为 $y=-\dfrac{1}{10}x^2+\dfrac{3}{5}x+1$.

(2) 利润等于销售额减去成本费和广告费，销售量的单位是万件，利润和广告费的单位是十万元.

∴ $s=10y(3-2)-x=10\left(-\dfrac{1}{10}x^2+\dfrac{3}{5}x+1\right)-x=-x^2+5x+10$.

例 7-2-4 在上题中，要使公司获得的年利润随广告费的增大而增大，广告费应控制在_____范围内.

解：由上题，$s=-x^2+5x+10=-\left(x-\dfrac{5}{2}\right)^2+\dfrac{65}{4}$，且 $1\leqslant x\leqslant 3$.

∴ 当 $1\leqslant x\leqslant \dfrac{5}{2}$ 时 s 随 x 的增大而增大，即当广告费在 10 万~25 万元之间时，公司的年利润随广告费的增大而增大.

例 7-2-5 某高中学校为高一新生设计的学生单人桌的抽屉部分是长方体形. 其中，抽屉底面周长为 180cm，高为 20cm. 当底面的宽 x 为多少时，抽屉的体积 y 最大？最大为多少？（厚度忽略不计）

解：设抽屉底面宽为 x cm，则底面长为 $180\div 2-x=(90-x)$cm.

由题意得 $y=x(90-x)\times 20$
$=-20(x^2-90x)$
$=-20(x-45)^2+40500$.

当 $x=45$ 时，y 有最大值，最大值为 40500.

答：当抽屉底面宽为 45cm 时，抽屉的体积最大，最大体积为 40500cm³.

例 7-2-6 为鼓励大学毕业生自主创业，某市政府出台了相关政策：由政府协调，本市企业按成本价提供产品给大学毕业生自主销售，成本价与出厂价之间的差价由政府承担. 大学生李明按照相关政策投资销售本市生产的一种新型节能灯. 已知这种节能灯的成本价为每件 10 元，出厂价为每件 12 元，每月销售量 y（件）与销售单价 x（元）之间的关系近似满足一次函数：$y=-10x+500$.

(1) 李明在开始创业的第一个月将销售单价定为 20 元，那么政府这个月为他承担的总差价为多少元？

(2) 设李明获得的利润为 w（元），当销售单价定为多少元时，每月可获得最大利润？

(3) 物价部门规定,这种节能灯的销售单价不得高于 25 元.如果李明想要每月获得的利润不低于 3000 元,那么政府为他承担的总差价最少为多少元?

解:(1) 当 $x=20$ 时,$y=-10x+500=-10\times 20+500=300$.
$300\times(12-10)=300\times 2=600$,即政府这个月为他承担的总差价为 600 元.

(2) 依题意得,
$w=(x-10)(-10x+500)=-10x^2+600x-5000=-10(x-30)^2+4000$.
当 $x=30$ 时,w 有最大值 4000.
即当销售单价定为 30 元时,每月可获得最大利润 4000 元.

(3) 由题意得:$-10x^2+600x-5000=3000$,
解得 $x_1=20,x_2=40$.
抛物线开口向下,可知:当 $20\leqslant x\leqslant 40$ 时,$w\geqslant 3000$.
由题意,$x\leqslant 25$,所以,当 $20\leqslant x\leqslant 25$ 时,$w\geqslant 3000$.
设政府每个月为他承担的总差价为 p 元,
则 $p=(12-10)(-10x+500)=-20x+1000$.当 $x=25$ 时,p 有最小值 500.
即销售单价定为 25 元时,政府每个月为他承担的总差价最少为 500 元.

例 7-2-7 在世界杯一场足球比赛中,甲队在距球门 12 米处获得一个任意球.已知这次罚任意球中,足球运行的路线是一条抛物线,最高点距地面 3.2 米,且最高点距球门的水平距离为 4 米远.足球球门高 2.43 米(包括球门横梁),球门横梁直径为 0.08 米.

(1) 如图 7-2-1 所示,建立平面直角坐标系,求足球经过的抛物线的解析式;

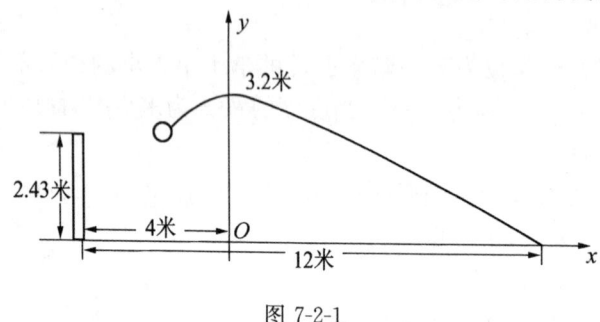

图 7-2-1

(2) 判断足球是否能射入球门.(假设守门员未能扑到此球)

解:(1) 根据题意,设足球经过的抛物线的解析式为 $y=ax^2+3.2$.
根据题意可知此抛物线经过点 $(8,0)$,
∴ $64a+3.2=0$,解得 $a=-0.05$,
∴ $y=-0.05x^2+3.2$.

(2) 当 $x=-4$ 时,$y=-0.05\times 16+3.2=2.4$,
∵ $2.43-0.08<2.4<2.43$,
∴ 足球正中横梁,不能射入球门.

例 7-2-8 某水库的闸板如图 7-2-2 所示,它的形状由一个半圆和一个矩形组合而成,为了使周围密封得好,周长应尽可能小,但为了使水的流量大,希望面积尽可能地大.问:当周长一定时,半圆半径 r 和矩形高度 h 应怎样取值才能使闸板面积最大?

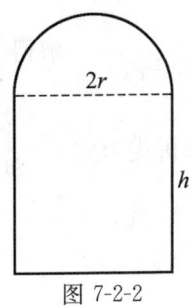

图 7-2-2

解:设周长为 P,面积为 S,

$$\begin{cases} P=\pi r+2r+2h, \\ S=\dfrac{\pi r^2}{2}+2rh. \end{cases}$$

①
②

由①得 $2h=P-\pi r-2r$,代入②得

$$S=\dfrac{\pi r^2}{2}+r(P-\pi r-2r)=-\left(2+\dfrac{\pi}{2}\right)\left(r-\dfrac{P}{4+\pi}\right)^2+\dfrac{P^2}{2(4+\pi)}.$$

∴ 当 $r=\dfrac{P}{4+\pi}$ 时,$S_{\text{最大}}=\dfrac{P^2}{2(4+\pi)}$,此时求得 $h=\dfrac{P}{4+\pi}$.

所以,当 $r=h=\dfrac{P}{4+\pi}$ 时,闸板面积最大.

例7-2-9 某市一处十字路口立交桥的横断面在平面直角坐标系中的示意图如图 7-2-3 所示,横断面的地平线为 x 轴,横断面的对称轴为 y 轴,桥拱 DGD' 部分为一段抛物线,顶点 G 的高度为 8 米,AD 和 $A'D'$ 是两侧高为 5.5 米的支柱,OA 和 OA' 为两个方向的汽车通行区,宽度均为 15 米,线段 CD 和 $C'D'$ 为两段对称的上桥斜坡,其坡比为 1:4.

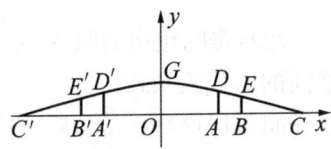

图 7-2-3

(1) 求桥拱 DGD' 所在抛物线的解析式及 CC' 的长;

(2) BE 和 $B'E'$ 为支撑斜坡的立柱,其高度都为 4 米,相应的 AB 和 $A'B'$ 为两个方向的行人及非机动车通行区,试求 AB 和 $A'B'$ 的宽;

(3) 按规定,汽车通过该桥下时,载货最高处和桥拱之间的距离不得小于 0.4 米.今有一大型汽车,装载某大型设备后,其宽为 4 米,车载大型设备的顶部与地面的距离为 7 米,它能否从 OA(或 OA')区域安全通过?请说明理由.

解:(1) 根据题意,设桥拱 DGD' 所在抛物线的解析式为

$$y=ax^2+c(a\ne 0).$$

①

由题设得 $G(0,8)$、$D(15,5.5)$，代入①式得

$$\begin{cases} 8=c, \\ 5.5=225a+c, \end{cases} \text{解得} \begin{cases} a=-\dfrac{1}{90}, \\ c=8. \end{cases}$$

∴ 桥拱 DGD' 所在抛物线的解析式为 $y=-\dfrac{1}{90}x^2+8$.

又∵ $\dfrac{AD}{AC}=\dfrac{1}{4}$，$AD=5.5$，

∴ $AC=5.5\times 4=22$（米），

$CC'=2OC=2(OA+AC)=2\times(15+22)=74$（米）.

(2) 由题设有 $\dfrac{EB}{BC}=\dfrac{1}{4}$，$BE=4$，

∴ $BC=16$，

∴ $AB=AC-BC=22-16=6$（米）.

(3) 大型货车的宽度为 4 米，由①得抛物线的解析式为 $y=-\dfrac{1}{90}x^2+8$，当 $x=4$ 时，

$$y=-\dfrac{1}{90}\times 16+8=7\dfrac{37}{45}.$$

∵ $7\dfrac{37}{45}-(7+0.4)=\dfrac{19}{45}>0$，

∴ 大型货车可以从 OA（或 OA'）区域安全通过.

例 7-2-10 某市某大型酒店有包房 100 间，在每天晚餐营业时间，每间包房收包房费 100 元时，包房便可全部租出；若每间包房收费提高 20 元，则减少 10 间包房租出.若每间包房收费再提高 20 元，则再减少 10 间包房租出，以每次提高 20 元的这种方法变化下去.

(1) 设每间包房收费提高 x（元），每间包房的收入为 y_1（元），包房减少数量为 y_2（间）租出，请分别写出 y_1、y_2 与 x 之间的函数关系式.

(2) 为了投资少而利润大，每间包房提高 x（元）后，设酒店老板每天晚餐包房总收入为 y（元），请写出 y 与 x 之间的函数关系式，求出每间包房每天晚餐包房费应提高多少元可获得最大包房费收入，并说明理由.

解：(1) $y_1=100+x$，$y_2=\dfrac{1}{2}x$.

(2) $y=(100+x)\left(100-\dfrac{1}{2}x\right)$，即 $y=-\dfrac{1}{2}(x-50)^2+11250$.

因为提价前包房费总收入为 $100\times 100=10000$. 当 $x=50$ 时，可获最大包房收入 11250 元.因为 $11250>10000$. 又因为每次提价为 20 元，所以每间晚餐包房费应提高 40 元或 60 元.

例 7-2-11 某公司生产了一种化工原料共 7000 千克,原料价格为每千克 30 元.物价部门规定其销售单价不得高于每千克 70 元,也不得低于 40 元.市场调查发现:单价定为 70 元时,日销售 60 千克;单价每降低 1 元,日均多售出 2 千克.在销售过程中,每天还要支出其他费用 500 元(天数不足一天时,按一天计算).设销售单价为 x 元,日均获利为 y 元.

(1) 求 y 关于 x 的函数关系式,并指明 x 的取值范围;

(2) 在直角坐标系中作出(1)中的函数图像,并指出单价定为多少元时,日均获利最多? 最多是多少?

(3) 若将这种化工原料全部售出,比较日均获利最多和销售单价最高这两种销售方式,哪一种获利较多? 多多少?

解: (1) 若销售单价为 x 元,则每千克降低 $(70-x)$ 元,日均多售出 $2(70-x)$ 千克,日均销售量为 $[60+2(70-x)]$ 千克,每千克获利 $(x-30)$ 元.于是有:
$$y=(x-30)[60+2(70-x)]-500=-2x^2+260x-6500\,(40\leqslant x\leqslant 70).$$

(2) $y=-2(x^2-130x)-6500=-2(x-65)^2+1950$,顶点为 $(65,1950)$,图像如下:

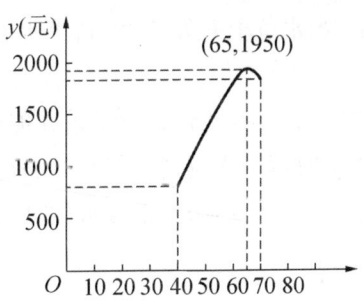

图 7-2-4

观察图像知,单价定为 65 元时,日均获利最多,是 1950 元.

(3) 当日均获利最多时,单价为 65 元,日均销售 $60+2(70-65)=70$(千克),获总利为 $1950\times\dfrac{7000}{70}=195000$(元).

当销售单价最高时,单价为 70 元,日均销售 60 千克,获总利为 $(70-30)\times 7000-\dfrac{7000}{60}\times 500=221500$(元).

∵ $221500>195000$,且 $221500-195000=26500$(元),

∴ 销售单价最高时获总利最多,且多获利 26500 元.

例 7-2-12 某商人开始将进货单价为 8 元的商品按每件 10 元售出,每天可销售 100 件.现在他想采用提高售出价格的方法来增加利润,已知这种商品每件提价 1 元,每天销售就要减少 10 件.

(1) 写出售出价格 x 元与每件所得的毛利润 y 元之间的函数关系式;

(2) 每天售出价为多少时,才能使每天获得利润最大?

解:

(1) 售出价格 x 元与每件所得的毛利润 y 元之间的函数关系式是:
$$y=(x-8)\times(100-10(x-10))=-10x^2+280x-1600(8\leqslant x\leqslant 20).$$

(2) 每天售出价为 14 元时,才能使每天获得利润最大.

例 7-2-13 有一座抛物线拱桥,正常水位时桥下水面宽度为 20 米,拱顶距离水面 4 米.

(1) 在图 7-2-5 所示坐标系下求出抛物线的解析式;

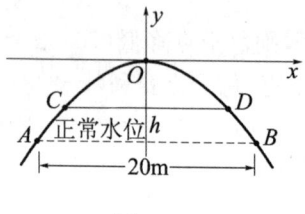

图 7-2-5

(2) 在正常水位的基础上,当水位上升 h 米时,桥下水面的宽度为 d 米,求出将 d 表示为 h 的函数解析式;

(3) 设正常水位时桥下水深为 2 米,为保证桥下过往船只顺利航行,桥下水面的宽度不得小于 18 米,水深超过多少米时就会影响过往船只的通行?

解: (1) 设抛物线方程为 $y=ax^2(a\neq 0)$,正常水位时点 B 坐标为 $(10,-4)$,

∴ $-4=a\cdot 10^2, a=-\dfrac{1}{25}$,

∴ $y=-\dfrac{1}{25}x^2$.

(2) 当水位上升 h 米时,点 D 的纵坐标为 $-(4-h)$,设 D 的横坐标为 x_D,

则有 $-(4-h)=-\dfrac{1}{25}x_D^2, x_D=5\sqrt{4-h}$,

∴ 水面宽度 $d=2x_D=10\sqrt{4-h}$;

(3) 当桥下水面宽度为 18 米时,
$$18=10\sqrt{4-h}, h=4-\dfrac{81}{25}=\dfrac{19}{25}, 2+h=\dfrac{69}{25}=2.76.$$

∴ 当桥下水深超过 2.76 米时,就会影响过往船只在桥下顺利通行.

例 7-2-14 某汽车改装厂开发出 A 型农用车,其成本价为每辆 2 万元,出厂价为每辆 2.4 万元,年销售量为 1 万辆.今年该厂全面提高 A 型农用车的科技含量,每辆农用车的成本价增长率为 x,出厂价增长率为 $0.75x$,预计年销售量增长率为 $0.6x$.(注:年利润=(出厂价−成本价)×年销售量)

(1) 写出今年该厂销售 A 型农用车的年利润 y(万元)与 x 之间的函数关系式;

(2) 该厂要使今年度销售 A 型农用车的年利润达到 4028 万元,则该年度 A 型农用车的年销售量应该是多少万辆?

解:(1) 年利润=(出厂价−成本价)×年销售量,有
$$y=10^4\times[2.4(1+0.75x)-2(1+x)]\times(1+0.6x)=-1200x^2+400x+4000.$$
(2) 根据题意,有 $-1200x^2+400x+4000=4028$.

整理得 $300x^2-100x+7=0$,

解得 $x_1=\dfrac{1}{10}$, $x_2=\dfrac{7}{30}$.

① 当 $x=\dfrac{1}{10}$ 时,销售量 $=10000(1+0.6\times\dfrac{1}{10})=10600$(辆);

② 当 $x=\dfrac{7}{30}$ 时,销售量 $=10000(1+0.6\times\dfrac{7}{30})=11400$(辆).

所以当每辆车的成本增长率为 10% 时,可销售 10600 辆,获利润 4028 万元.当每辆车的成本增长率为 23.3% 时,可销售 11400 辆,获利润也是 4028 万元.

例 7−2−15 某住宅小区,为美化环境,提高居民生活质量,要建一个八边形居民广场,其中正方形 $MNPQ$ 与四个相同矩形(图 7-2-6 中阴影部分)的面积的和为 800 平方米.

(1) 设矩形的边长 $AB=x$(米),$AM=y$(米),用含 x 的代数式表示 y;

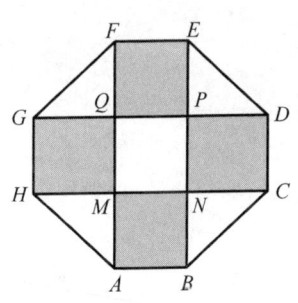

图 7-2-6

(2) 现计划在正方形区域上建雕塑和花坛,平均每平方米造价为 2100 元;在四个相同的矩形区域上铺设花岗岩地坪,平均每平方米造价为 105 元;在四个三角形区域上铺设草坪,平均每平方米造价为 40 元.

① 设工程的造价为 s(元),求 s 关于 x 的函数关系式;

② 如果该工程的银行贷款为 235000 元,问仅靠银行贷款能否完成该工程的建设任务?若能,请列出设计方案;若不能,请说明理由;

③ 如果该工程在银行贷款的基础上,又增加资金 73000 元。问能否完成该工程的建设任务?若能,请列出所有可能的设计方案;若不能,请说明理由.

解:(1) $y=\dfrac{800-x^2}{4x}(0<x<20\sqrt{2})$.

(2) ① $s=2100x^2+105\times 4xy+40\times 4\times\dfrac{1}{2}y^2$
$$=2100x^2+420x\,\dfrac{800-x^2}{4x}+80\left(\dfrac{800-x^2}{4x}\right)^2$$
$$=2000x^2+\dfrac{3200000}{x^2}+76000(0<x<20\sqrt{2}).$$

② 由 $s=235000$,得 $2000x^2+\dfrac{3200000}{x^2}+76000=235000$,

设 $x^2=t$,且整理,得 $2t^2-159t+3200=0$.

∵ $\Delta = (-159)^2 - 4 \times 2 \times 3200 < 0$,方程无实数根,

∴ 仅靠银行贷款不能完成该工程的建设任务.

③ 由题意知 $s = 235000 + 73000 = 308000$,得

$$2000x^2 - \frac{3200000}{x^2} + 76000 = 308000.$$

设 $x^2 = t$,且整理得 $t^2 - 116t + 1600 = 0$,解得 $t_1 = 100, t_2 = 16$.

对应得 $x = 10, x = 4$($x = -10, -4$ 不合题意,舍去).

∴ 当 $x = 10, y = 17.5$;当 $x = 4$ 时,$y = 49$.

故设计方案为:正方形区域边长为 10 米,四个相同矩形区域的长和宽分别为 17.5 米和 10 米,四个相同的三角形区域的直角边长均为 17.5 米;另一种设计方案为:正方形区域边长为 4 米,四个矩形的长和宽分别为 49 米和 4 米,四个直角三角形区域的直角边长均为 49 米.

附　录

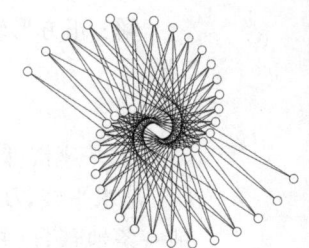

2018年上海市青少年"生活中的数学"实践活动初赛

一、填空题.

1. 某校双休日对外开放的活动场地最多可容纳200人同时参加活动.一开放日值班老师在统计了当天参加活动的总人数后发现,当天参加活动的总人数不超过活动场地最多可容纳数,但如果按4人一组或5人一组分组会多出3个人来,如果按7人一组分组会多出2人.那么当天参加活动的总人数是　　23人或163人　　.

解: 按4人一组或5人一组分组情况,人数 x 可写成 $x=3+20k$,其中 k 为一个非负整数,$0<x\leqslant 200$.按7人一组分组会多出2人可得 $20k$ 除以7应该余6,得 $k=1$ 和 8 时满足要求,即 $x=23$ 或 163.

2. 王师傅买入某种股票10000股,每股10元,当日收盘价正好是每股10元.第2、3两天,该股股价每天都比前一天收盘价上涨10%,可是第4、5两天,该股收盘价都比前一天收盘价下跌10%.那么王师傅在第五天收盘后,手中该种股票还值　　98010　　元.

解: $10000\times 10\times (1+0.1)^2\times (1-0.1)^2=98010$.

3. 平面上六条直线和一个圆最多能把平面分成　　34　　个部分.

解: 6条直线最多可把平面分成 $6\times 7\div 2+1=22$ 个部分,一个圆又可就单条直线所分部分再多出两个部分,$2\times 6=12,22+12=34$.

4. 如图F-1-1,有两个各边相等的正方形和正五边形.若正五边形的 AE 边和正方形的 c 边重合,正五边形按逆时针方向开始旋转,而它上面的正方形按顺时针方向一边对着一边旋转,则直到正五边形的 AE 边和正方形的 c 边再次重合为止,则正方形旋转的圈数最少是　　5　　.

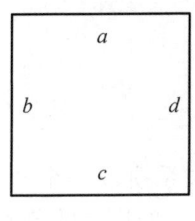
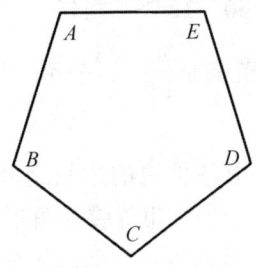

图 F-1-1

解：正方形转 5 圈，正五边形转 4 圈，AE 边和 c 边再次重合．所以正方形需要旋转 5 圈．

5. 一座楼梯的示意图如图 F-1-2 所示，BC 是铅垂线，CA 是水平线，BA 与 CA 的夹角为 $\theta = 30°$．现要在楼梯上铺一条地毯，已知 $CA = 4$ 米，楼梯宽度 2 米，则地毯的面积至少需要 $8 + \dfrac{8}{3}\sqrt{3}$ 平方米．

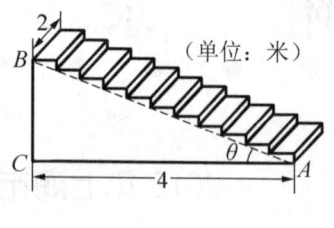

图 F-1-2

解：在 $Rt\triangle ABC$ 中，$BC = AC \cdot \dfrac{\sqrt{3}}{3} = \dfrac{4}{3}\sqrt{3}$（米），

∴ $AC + BC = 4 + \dfrac{4}{3}\sqrt{3}$（米），

∴ 地毯的面积至少需要 $2 \times \left(4 + \dfrac{4}{3}\sqrt{3}\right) = 8 + \dfrac{8}{3}\sqrt{3}$（平方米）．

6. 两个相同的容器装满了水和纯酒精的混合液体，水和纯酒精的体积比分别为 $1 : a$ 和 $1 : b$，两容器液体都倒入一个空池内搅匀，则池内的水和纯酒精的比为 $\dfrac{a + b + 2}{a + b + 2ab}$．

解：不妨设两个容器的容积为 1，则两容器内纯酒精的体积分别为 $\dfrac{a}{1+a}$ 和 $\dfrac{b}{1+b}$，水的体积分别为 $\dfrac{1}{1+a}$ 和 $\dfrac{1}{1+b}$．在混合池内纯酒精体积为 $\dfrac{a}{1+a} + \dfrac{b}{1+b} = \dfrac{a+b+2ab}{(1+a)(1+b)}$，水的体积为 $\dfrac{1}{1+a} + \dfrac{1}{1+b} = \dfrac{a+b+2}{(1+a)(1+b)}$，则池内水和纯酒精的比为 $\dfrac{a+b+2}{a+b+2ab}$．

7. 父子俩到徐汇滨江运动，同一起点同时出发．父亲计划沿路线散步 3 公里回到起点，儿子计划健身跑两圈共 12 公里，儿子跑步的速度保持为 12 公里/时不变．两人相约完成运动结束后在起点处汇合，且互相等待时间不超过 5 分钟，求父亲散步的速度范围应为 $\dfrac{36}{13} \sim \dfrac{36}{11}$ 公里/时．

解：设父亲的速度为 x 公里/时，则

$\dfrac{12}{12} - \dfrac{5}{60} \leqslant \dfrac{3}{x} \leqslant \dfrac{12}{12} + \dfrac{5}{60} \Rightarrow \dfrac{36}{13} \leqslant x \leqslant \dfrac{36}{11}$，

即父亲散步的速度范围是 $\dfrac{36}{13} \sim \dfrac{36}{11}$ 公里/时．

8. 小明利用七巧板中各板块的边长之间的关系拼成一个凸六边形（如图 F-1-3 所示）．图左中小正方形、一个小直角等腰三角形和平行四边形的公共顶点与右下角的黑三角形斜边的中点重合，则该凸六边形的周长是 $32\sqrt{2} + 16$ cm．

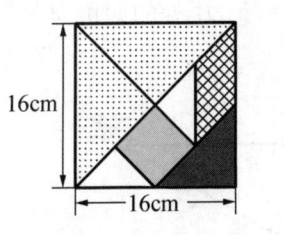
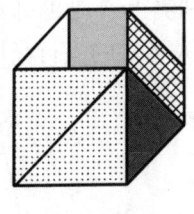
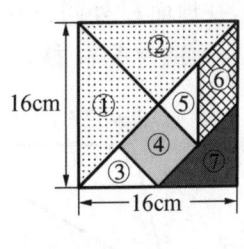

图 F-1-3　　　　　　　　　　　　图 F-1-4

解：如图 F-1-4,图形①、②:边长分别是:$16,8\sqrt{2},8\sqrt{2}$;

图形③、⑤:边长分别是:$8,4\sqrt{2},4\sqrt{2}$;

图形④:边长是:$4\sqrt{2}$;

图形⑥:边长分别是:$4\sqrt{2},8$;

图形⑦:边长分别是:$8,8,8\sqrt{2}$;

∴ 凸六边形的周长 $=8+2\times 8\sqrt{2}+8+4\sqrt{2}\times 4=32\sqrt{2}+16$(cm).

9. 小明利用假期乘大巴去旅游.出发时大巴油箱装满汽油,匀速行驶一段路程后油箱恰剩一半油时,大巴去加油站加满油,再按原速度行驶.到目的地时油箱恰剩三分之一汽油.设油箱中的汽油数量为 V(升),时间为 t(分),则 V 和 t 的大体图像是下列图中的 ___D___ (写出序号).

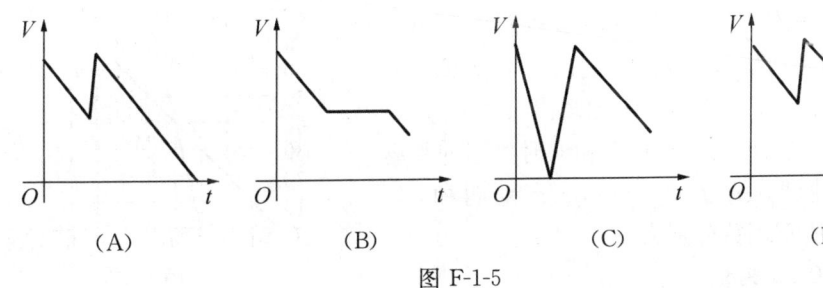

图 F-1-5

解：D.

10. 图 F-1-6 中一个大正三角形框架 ABC 由 144 个面积为 $1m^2$ 的相等的小正三角形框架组成.现在要用某种材料蒙上图中的△DEF,材料的面积至少为 ___62___ m^2.

解：大三角形 ABC 面积$=144m^2$,三角形的面积等于两边长所含小三角形边长数目之积.△ADF、△BDE、△CEF 的面积分别等于 10×3、8×2、9×4,即为 30、16、36.所求材料面积为 $144-(30+16+36)=62(m^2)$.

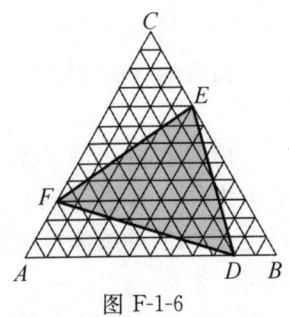

图 F-1-6

二、解答题.

11. 某兴趣小组借助无人机航拍校园.如图 F-1-7,无人飞机从 A 处飞行至同一高度 B

处需 8 秒, 在地面 C 处同一方向上分别测得 A 处的仰角为 $75°$, B 处的仰角为 $30°$. 已知无人机的飞行速度为 4 米/秒, 求这架无人飞机的飞行高度.

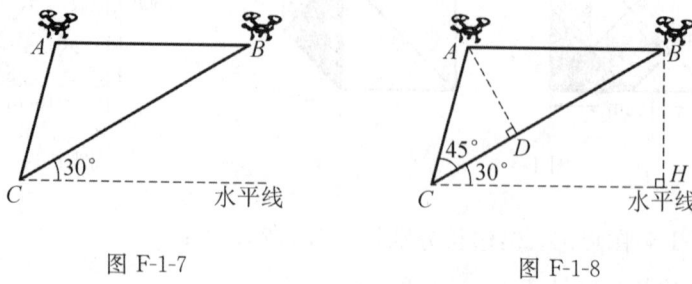

图 F-1-7   图 F-1-8

解: 如图 F-1-8, 作 $AD \perp BC$, $BH \perp$ 水平线.
由题意得 $\angle ACH = 75°$, $\angle BCH = 30°$, $AB // CH$,

∴ $\angle ABC = 30°$, $\angle ACB = 45°$.

∵ $AB = 4 \times 8 = 32$,

∴ $AD = CD = AB \cdot \sin 30° = 16$,

$BD = AB \cdot \cos 30° = 16\sqrt{3}$.

∴ $BC = CD + BD = 16 + 16\sqrt{3}$,

∴ $BH = BC \cdot \sin 30° = 8 + 8\sqrt{3}$ (米).

12. 父亲骑自行车和儿子骑摩托车, 从家里沿同一条公路到 80 千米外的亲戚家. 下面是他们离家距离的时间记录图. 请分别写出在这段时间内父亲离家距离 y_1 和儿子离家距离 y_2 与时间 x (父亲出发时间为 $x = 0$) 的函数关系, 并求出两人在路上相遇时离家的距离.

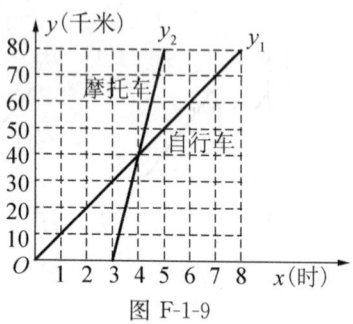

图 F-1-9

解: 两人速度分别为 $80 \div 8 = 10$ 千米/时和 $80 \div 2 = 40$ 千米/时. 所求函数分别为

$y_1 = 10x$, $0 \leqslant x \leqslant 8$.

$y_2 = \begin{cases} 0, & 0 \leqslant x < 3, \\ 40(x-3), & 3 \leqslant x < 5, \\ 80, & 5 \leqslant x \leqslant 8. \end{cases}$

相遇地点在离家 40 千米处.

13. 围建一个面积为 360 平方米的矩形场地, 要求矩形场地的一面利用旧墙(利用旧墙需维修), 其他三面围墙要新建, 在旧墙的对面的新墙上要留一个宽度为 2 米的进出口. 已知旧墙的维修费用为 45 元/米, 新墙的造价为 180 元/米. 设利用的旧墙的长度为 x (单位:米).

(1) 将总费用 y 表示为 x 的函数;

(2) 试确定 x, 使修建此矩形场地围墙的总费用最小, 并求出最小总费用.

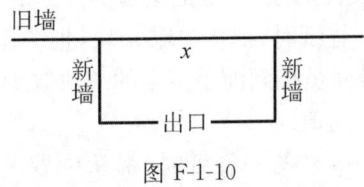

图 F-1-10

解：(1) 设矩形的另一边长为 a 米．

则 $y=45x+180\cdot[(x-2)+2a]=225x+360a-360$．

由已知面积 $xa=360$，得 $a=\dfrac{360}{x}$，

所以 $y=225x+\dfrac{360^2}{x}-360(x>0)$．

(2) 由 $x>0$，改写 $x=(\sqrt{x})^2$ 得

$y=225x+\dfrac{360^2}{x}-360=\left(15\sqrt{x}-\dfrac{360}{\sqrt{x}}\right)^2+2\cdot15\cdot360-360=\left(15\sqrt{x}-\dfrac{360}{\sqrt{x}}\right)^2+$

10440．当且仅当 $15\sqrt{x}=\dfrac{360}{\sqrt{x}}$ 时，即 $x=24$ 时，y 有最小值 10440．

即取 $x=24$ 米时，修建围墙的总费用最小，最小总费用是 10440 元．

14. 已知甲、乙、丙三人，甲单独做这件工作的时间是乙、丙两人合作做这件工作所用时间的 a 倍，乙单独做这件工作所用时间是甲、丙两人合作做这件工作的 b 倍．已知 $ab\neq 1$，求丙单独工作所用时间是甲、乙两人合作做此事的多少倍．

解：设甲、乙、丙独立完成这一工作分别需要 x 天、y 天、z 天，则

$x=\dfrac{a}{\dfrac{1}{y}+\dfrac{1}{z}}$，即 $\dfrac{1}{z}=\dfrac{a}{x}-\dfrac{1}{y}$，　　①

$y=\dfrac{b}{\dfrac{1}{x}+\dfrac{1}{z}}$，即 $\dfrac{1}{z}=\dfrac{b}{y}-\dfrac{1}{x}$．　　②

由①、②得 $\dfrac{1}{x}=\dfrac{b+1}{ab-1}\cdot\dfrac{1}{z}$，$\dfrac{1}{y}=\dfrac{a+1}{ab-1}\cdot\dfrac{1}{z}$，

从而 $\dfrac{1}{x}+\dfrac{1}{y}=\dfrac{b+1+a+1}{ab-1}\cdot\dfrac{1}{z}=\dfrac{a+b+2}{ab-1}\cdot\dfrac{1}{z}$，

所以 $z=\dfrac{a+b+2}{ab-1}\cdot\dfrac{1}{\dfrac{1}{x}+\dfrac{1}{y}}$ $(ab\neq 1)$．

即丙单独完成这一工作需要的时间是甲、乙两人合作完成同一工作所需时间的 $\dfrac{a+b+2}{ab-1}$ 倍．

15. 一家机密文件碎纸公司有许多雇员，这些雇员在输送带前排成一列，分别编号为

1,2,3,….老板接到撕碎一张文件的任务,他把这张文件撕成 4 份后交给第一号雇员.每当第 n 号雇员接到前面传来的一叠纸时,都从中取 n 块,把取出的每块再撕成 4 块,然后再传给第 $n+1$ 号雇员.若第 k 号雇员接到前手传来的总块数少于 2018 块,但传给下一位的总块数超过 2018 块,请求出 k 的值.

解:第 n 号雇员接到前手传来的一叠纸时,都从中取 n 块,把取出的每块再分成 4 块,所以在他手中的 n 块变成 $4n$ 块,增加了 $3n$ 块.

第 k 号雇员接到前手传来的总块数:$4+3+3\times2+\cdots+3(k-1)=\dfrac{3k(k-1)}{2}+4$,第 k 号雇员传给下一位的总块数:$4+3+3\times2+\cdots+3k=\dfrac{3k(k+1)}{2}+4$.

$$\dfrac{3k(k-1)}{2}+4<2018<\dfrac{3k(k+1)}{2}+4 \Rightarrow \begin{cases} k(k-1)<1342\dfrac{2}{3}, \\ k(k+1)>1342\dfrac{2}{3}, \end{cases}$$

所以 $k=37$,

即满足条件的是第 37 号雇员.

16. 图 F-1-11 所示这个密码锁开启的方法是顺时针方向转到第一个数字密码位置,再逆时针方向转到第二个数字密码的位置.第一个数字密码是一个偶数,第二个数字密码恰为这个偶数与紧随其后那个奇数的和的算术平方根(整数).当然不是所有偶数都可以作为第一个数字密码,例如 2 和 3 之和 5 不是一个完全平方数,2 不能取为第一个数字密码.

(1) 设第一个数字密码为 $2m$,第二个数字密码为 k,试写出 m 和 k 的关系,并找出那个不大于 100 的最大的第一个密码数字;

图 F-1-11

(2) 如果取第一个密码数字为奇数,第二个密码数字为这个奇数与紧随其后那个偶数的和的算术平方根(整数),这种设计方案是否可行?如不可行,说明理由;如可行,找出那个不大于 100 的最大的第一个密码数字.

解:(1) 由条件,得 $\sqrt{2m+(2m+1)}=k$,即 $4m+1=k^2$,而 k^2 为一个完全平方数,所以 k^2 必为一个奇数的平方,记 $k^2=(2s+1)^2$,其中 s 为一个自然数.代入 $4m+1=k^2$ 后该式可改写为 $m=s(s+1)$.反之,若 $m=s(s+1)$,其中 s 为一个自然数,则由上面推理过程反推,$2m$ 可以取为第一个数字密码.

要求 $m\leqslant50$,最大 $s=6$,从而所求最大的第一个密码数字为 $2m=2s(s+1)=84$.

(2) 对第一个密码数字为奇数情况,假设可行.此时也得 k^2 为一个奇数的平方,即有 $2m-1+2m=(2s+1)^2$,整理后改写为 $4m-4s^2-4s=2$,即 $2m-2s^2-2s=1$,左端为一个偶数,右端为奇数,矛盾.第二种方案不可行.

2018年上海市青少年"生活中的数学"实践活动决赛

一、填空题.

1. 第21届足球世界杯今年在俄罗斯举行,以赛会实际举办的天数为标杆(以下简称"赛会天数"),开幕式之前今年已过了5倍"赛会天数"还多5天,闭幕式后今年剩下的天数与开幕式之前天数之差的绝对值为3天,则"赛会天数"为___32天___.

解: 设"赛会天数"为x.

两种情况:一种是多3天,一种是少3天.

第一种:$5x+5+5x+8+x=365 \Rightarrow x=32$.

第二种:$5x+5+5x+2+x=365 \Rightarrow x$ 无整数解.

所以实际举办的天数为32天.

2. 某商场经营一种商品,由于进货价比原进价降低了5%,使得利润增加了6个百分点,则原利润率为___14%___.

解: 设原进货价为x,销售价为y,现在进货价为$(1-5\%)x=0.95x$.由已知得方程
$$\frac{y-0.95x}{0.95x}=\frac{y-x}{x}+0.06.$$

解得$\frac{y}{x}=1.14$,代入原利润率公式得$\frac{y-x}{x}=\frac{y}{x}-1=0.14=14\%$.

3. 由地理知识可知,各地气温的差异受海拔高度的影响.海拔每升高100米,气温就下降0.6摄氏度.重庆市的平均海拔高度为260米,峨眉山的海拔高度为3099米.设重庆气温为x摄氏度,则峨眉山山顶的气温$y=$___$x-17.034$___.

解: $y=x-0.6\times\frac{3099-260}{100}$,化简即得$y=x-17.034$.

4. 小李出生的年份是一个四位数,若将这个四位数个位上的数字放到第一位,其他数字顺序不变,那么比原4位数的4倍大168.小李的出生年份是___2008___年.

解:(1)设小李出生的年份4位数是$abcd$,为了计算简便,令3位数$abc=x$.

根据题意:$1000d+x=4(10x+d)+168$,化简得:$13x=332d-56$,可改写为$x=\frac{332d-56}{13}=\frac{(25\times13+7)d-4\times13-4}{13}=25d-4+\frac{7d-4}{13}$.因$x$是整数,故$7d-4$必能被13整除.显然$d\neq 0$,$d$只能取1到9,易知$d=8$,$x=200$.所以小李是2008年出生的.

5. 图F-2-1是将一正方体货物沿坡面AB装进汽车货厢的平面示意图.已知长方体货厢的高度BC为$\sqrt{5}$米,斜面AB的坡度比为1:3(即图中的$BE:AE$),现把图中的货物继续往前平移,当货物顶点D与C重合时,仍可把货物放平装进货厢,则货物的高度BD

不超过 $\dfrac{3\sqrt{2}}{2}$ 米.

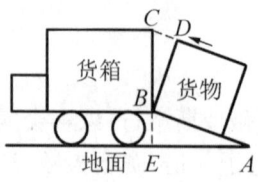

图 F-2-1

解：在△CBD 中，∠D=90°，∠CBD=∠EAB．∴ $\dfrac{DC}{BD}=\dfrac{BE}{AE}=\dfrac{1}{3}$．∴ 设 CD=x，则 BD=3x．在 Rt△BCD 中，$x^2+(3x)^2=(\sqrt{5})^2$，解得 $x=\dfrac{\sqrt{2}}{2}$（负值舍去），∴ $BD=\dfrac{3\sqrt{2}}{2}$.

6. 某车间有 5 名工人甲、乙、丙、丁、戊，为保证工作效率，5 人在周一到周五有一天休息，具体为甲在周一休息，乙在周二休息，丙在周三休息，丁在周四休息，戊在周五休息．已知周一共生产了 80 个产品，周二 92 个，周三 86 个，周四 101 个，周五 89 个，那么甲和丙一起工作，一天能生产　58　个产品．

解：设 5 人一天的产量分别为 a、b、c、d、e，则

$\begin{cases} b+c+d+e=80, \\ a+c+d+e=92, \\ a+b+d+e=86, \\ a+b+c+e=101, \\ a+b+c+d=89 \end{cases} \Rightarrow a+b+c+d+e=112 \Rightarrow \begin{cases} a=32, \\ c=26 \end{cases} \Rightarrow a+c=58.$

所以甲和丙一起工作，一天能生产 58 个产品．

7. 如图 F-2-2，有　29　个三角形．
解：35－2－4=29（个）．

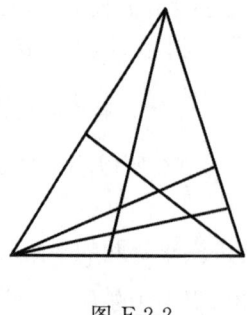

图 F-2-2

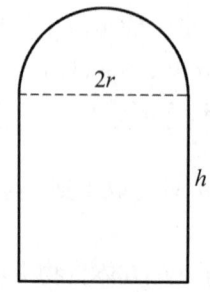

图 F-2-3

8. 某水库的闸板如图 F-2-3 所示,它的形状由一个半圆和一个矩形组合而成,当已知周长等于 10 米时,要求闸板面积等于 7 平方米,则图中 r 的长度是 $\dfrac{10\pm\sqrt{44-14\pi}}{4+\pi}$ 米.

解:周长 $10=\pi r+2r+2h$,面积 $2r\cdot h+\dfrac{\pi}{2}r^2=7$.由周长表达式可得 $h=\dfrac{10-(\pi+2)r}{2}$,代入面积表达式可得方程 $-\left(2+\dfrac{\pi}{2}\right)r^2+10\cdot r=7$,可得 $r=\dfrac{10\pm\sqrt{44-14\pi}}{4+\pi}$ 米(正、负都是解).

9. 如图 F-2-4,把一个菱形绕着它的对角线的交点旋转 $90°$,旋转前后的两个菱形构成一个"星形"(阴影部分),若菱形的一个内角为 $60°$,边长为 2,则该"星形"的面积是 $6\sqrt{3}-6$.

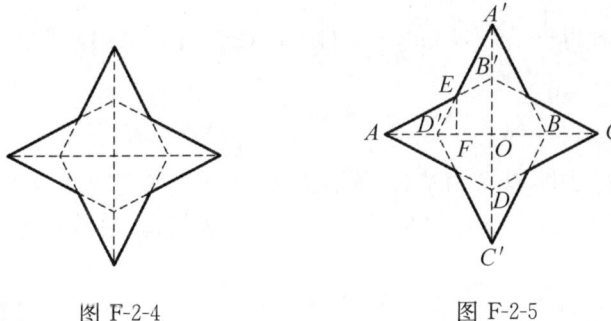

图 F-2-4　　　　图 F-2-5

解:(为方便,解答含有三角函数,但这里是特殊三角形,可以不用三角函数.)

如图 F-2-5 所示,设 AB 与 $A'D'$ 的交点为点 E,过 E 作 $EF\perp AC$ 于点 F.所求面积为 $S_{菱形ABCD}+4S_{\triangle AD'E}$.

∵ 四边形 $ABCD$ 为菱形,$AB=2$,$\angle BAD=60°$,

∴ $\angle BAO=30°$,$\angle AOB=90°$,

∴ $AO=AB\cdot\cos\angle BAO=\sqrt{3}$,$BO=AB\cdot\sin\angle BAO=1$.

同理可知:$A'O=\sqrt{3}$,$D'O=1$,

∴ $AD'=AO-D'O=\sqrt{3}-1$.

∵ $\angle A'D'O=90°-30°=60°$,$\angle BAO=30°$,

∴ $\angle AED'=30°=\angle EAD'$,

∴ $D'E=AD'=\sqrt{3}-1$.

在 $Rt\triangle ED'F$ 中,$ED'=\sqrt{3}-1$,$\angle ED'F=60°$,

∴ $EF=D'E\cdot\sin\angle ED'F=\dfrac{3-\sqrt{3}}{2}$.$S_{\triangle AD'E}=\dfrac{1}{2}\times AD'\times EF=\dfrac{2\sqrt{3}-3}{2}$,

∴ $S_{阴影}=S_{菱形ABCD}+4S_{\triangle AD'E}=6\sqrt{3}-6$.

10. 编号为 1 到 25 的 25 个弹珠,被分放在两个篮子 A、B 中.15 号弹珠在 A 中,把它从 A 移到 B 中,这时 A 中弹珠号码数的平均数等于原平均数加 $\frac{1}{4}$,B 中弹珠号码数的平均数也等于原平均数加 $\frac{1}{4}$.原来 A 中有 __9__ 个弹珠.

解:设原来 A 中弹珠有 x 个,则 B 中弹珠有 $(25-x)$ 个.又设原 A 中弹珠号码数的平均数为 a,B 中弹珠号码数的平均数为 b,则由题意可得

$$\begin{cases} ax+b(25-x)=1+2+\cdots+25=325, \\ \dfrac{ax-15}{x-1}=a+\dfrac{1}{4}, \\ \dfrac{b(25-x)+15}{25-x+1}=b+\dfrac{1}{4}, \end{cases}$$

由第二个方程得 $a=\dfrac{59+x}{4}$,由第三个方程得 $b=\dfrac{34+x}{4}$.

代入第一个方程得 $\dfrac{1}{4}(59+x)x+\dfrac{1}{4}(34+x)(25-x)=325$,

化简后可解得 $x=9$.

二、解答题.

11. 某水果店搞促销,以 a 为基数,若购买 $a+1$ 千克 A 水果和 $a+2$ 千克 B 水果,则立减 a 元.经过几次买卖,有细心的顾客发现无论 a 为何值,总价一定是 $4a+8$,求 A、B 水果的单价.

解:设 A 水果单价为 x 元/千克,B 水果单价为 y 元/千克.由题意得:

$$(a+1)x+(a+2)y-a=4a+8,$$
$$\Rightarrow a(x+y-5)+(x+2y-8)=0.$$

由 a 的任意性,可得 $\begin{cases} x+y-5=0, \\ x+2y-8=0 \end{cases} \Rightarrow \begin{cases} x=2, \\ y=3. \end{cases}$

即 A 水果单价为 2 元/千克,B 水果单价为 3 元/千克.

12. 图 F-2-6 为一个矩形,$AE:EB=a:1$,$DF:FC=b:1$.当两块深色阴影区域的面积大于两块浅色阴影区域的面积时,求 a 和 b 满足什么关系.

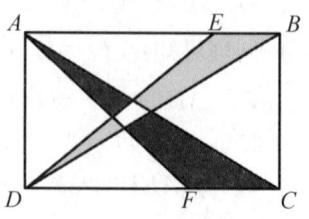

图 F-2-6

解:$AB:EB=a+1:1$,$DC:FC=AB:FC=b+1:1$.由此可得 $EB=\dfrac{1}{1+a}AB$,$FC=\dfrac{1}{1+b}AB$.$\triangle AFC$ 和 $\triangle DEB$ 有相等的高,$\triangle AFC$ 面积大于 $\triangle DEB$ 面积当且仅当 $FC>EB$,即 $\dfrac{1}{1+a}<\dfrac{1}{1+b}$,即 $a>b$.故当 $a>b$ 时,去除中间白色的公共四边形,两块深色阴影区域的面积大于两块浅色阴影区域的面积.

13. 图 F-2-7 是为某活动设计的一个会标,中间一个△ABC 为一个等边三角形,三个圆分别以△ABC 的三个顶点为圆心,半径都等于△ABC 的一条边长,求阴影部分与△ABC 面积的比值.

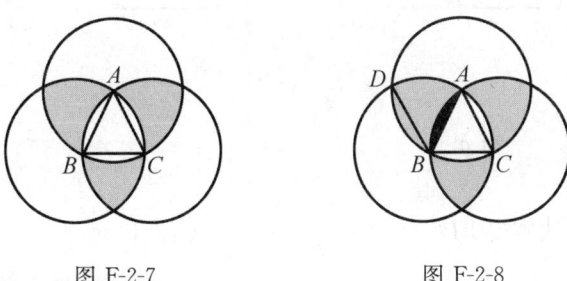

图 F-2-7   图 F-2-8

解:如图 F-2-8,阴影图中黑色弓形的面积等于六分之一圆面积减去△ABC 的面积.用割补法可知阴影部分 ABD 的面积等于扇形 DBA 的面积.设△ABC 边长为 1,△ABC 面积为 $\frac{\sqrt{3}}{4}$,阴影部分 ABD 的面积为 $\frac{\pi}{6}$,所求面积比值为 $\frac{\frac{\pi}{6} \times 3}{\frac{\sqrt{3}}{4}} = \frac{2\pi}{\sqrt{3}} = \frac{2\sqrt{3}}{3}\pi$.

14. "太平洋号"和"北冰洋号"两艘潜艇在海下沿一直线同向潜航,"北冰洋号"在前,"太平洋号"在后.在某个时刻,"太平洋号"发出声波,间隔 2 秒后,再次发出声波,当声波传到"北冰洋号"时,"北冰洋号"会反射声波.已知"太平洋号"的速度是每秒 15 米,第一次和第二次探测到"北冰洋号"反射的回波的间隔时间是 2.01 秒,声波在海下传播的速度是每秒 1185 米,那么"北冰洋号"的速度是每秒多少米?

解:依题意知"太平洋号"的速度为每秒 15 米,设"北冰洋号"的速度为每秒 x 米,两艘潜艇刚开始的距离是 y 米,依题意得:

$$\frac{y}{1185-x} + \frac{\frac{y}{1185-x}(x-15)+y}{1185+15} + 2.01$$

$$= 2 + \frac{2(x-15)+y}{1185-x} + \frac{\left[2+\frac{2(x-15)+y}{1185-x}\right](x-15)+y}{1185+15},$$

化简方程为 $4752x = 85320$,解得北冰洋号的速度是每秒 $\frac{395}{22}$ 米.

15. 如图 F-2-9,有一张直角三角形的纸片△ABC,其中∠C=90°,AC=m,BC=n,D 为 BC 的中点,E 为 AB 上与点 B 不重合的任意一点.将纸片沿 DE 翻折使△DEB 到△DEF 的位置.小明发现,不管点 E 在 AB 上什么位置,点 A 和点 F 都不会重合.求点 A 到点 F 的最短距离.

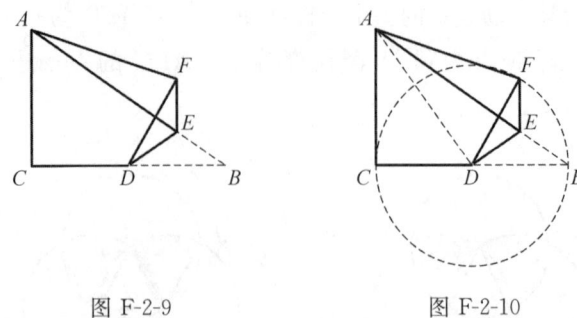

图 F-2-9　　　　　　图 F-2-10

解：由图形翻折性质得 $FD=BD=\dfrac{BC}{2}=CD=\dfrac{n}{2}$，所以点 B、F、C 在以 D 为圆心、$\dfrac{n}{2}$ 为半径的半圆周 $\overset{\frown}{CFB}$ 上，如图 F-2-10. 反之，由该半圆周上任意一点都是某个翻折时的点 F. 由此 AF 的最小值为点 A 和点 D 连线长减去圆的半径. $AD=\sqrt{AC^2+CD^2}=\sqrt{m^2+\left(\dfrac{n}{2}\right)^2}$，所以最短距离为 $AD-CD=\sqrt{m^2+\left(\dfrac{n}{2}\right)^2}-\dfrac{n}{2}$.

16. 因发生意外交通事故，一辆货车上的某种液体泄漏到一渔塘中. 为了治污，根据环保部门的建议，现决定在渔塘中投放一种可与污染液体发生中和化学反应的药剂. 已知每投放 $a(1\leqslant a\leqslant 4,$ 且 $a\in\mathbf{R})$ 单位的药剂，它在水中的浓度 y(克/升)随着时间 x(天)变化的函数关系式近似为 $y=a\cdot f(x)$，其中 $f(x)=\begin{cases}\dfrac{16}{8-x}-1,0\leqslant x\leqslant 4,\\ 5-\dfrac{1}{2}x,4<x\leqslant 10.\end{cases}$

若多次投放，则某一时刻水中的药剂浓度为每次投放的药剂在相应时刻所释放的浓度之和. 根据经验，当水中药剂的浓度不低于 4(克/升)时，它才能起到有效治污的作用.

(1) 若一次投放 4 个单位的药剂，则有效治污时间可达几天？

(2) 若第一次投放 2 个单位的药剂，6 天后再投放 a 个单位的药剂，要使接下来的 4 天中能够持续有效治污，试求 a 的最小值.

解：(1) 因为 $a=4$，所以水中药剂的浓度 $y=\begin{cases}\dfrac{64}{8-x}-4,0\leqslant x\leqslant 4,\\ 20-2x,4<x\leqslant 10,\end{cases}$

则当 $0\leqslant x\leqslant 4$ 时，由 $\dfrac{64}{8-x}-4\geqslant 4$，知前 4 天恒可有效治污；

当 $4<x\leqslant 10$ 时，由 $20-2x\geqslant 4$，解得 $x\leqslant 8$，所以此时 $4<x\leqslant 8$.

这样，若一次投放 4 个单位的制剂，则有效治污时间可达 8 天.

(2) 当 $6\leqslant x\leqslant 10$ 时，$y=2\times\left(5-\dfrac{1}{2}x\right)+a\left[\dfrac{16}{8-(x-6)}-1\right]$

$=10-x+\dfrac{16a}{14-x}-a=(14-x)+\dfrac{16a}{14-x}-a-4$.

因为 $14-x\in[4,8]$，而 $1\leqslant a\leqslant 4$，所以 $4\sqrt{a}\in[4,8]$，故当且仅当 $14-x=4\sqrt{a}$ 时，y 有最小值，为 $8\sqrt{a}-a-4$.

令 $8\sqrt{a}-a-4\geqslant 4$，解得 $24-16\sqrt{2}\leqslant a\leqslant 4$，所以 a 的最小值为 $24-16\sqrt{2}$.